Manfred Osten

Die Welt, »ein großes Hospital«
Goethe und die Erziehung des Menschen
zum »humanen Krankenwärter«

Manfred Osten

Die Welt, »ein großes Hospital«

Goethe und die
Erziehung des Menschen zum
»humanen Krankenwärter«

Mit einem Nachwort von
Peter Sloterdijk

WALLSTEIN VERLAG

Für Martin, Philipp und Sibylle

»Goethe weiß alles.«

Peter Handke, *Die Geschichte des Bleistifts*

Inhalt

Einleitung

8. Juni 1787: Goethe skizziert das verstörende Zukunftsmodell einer planetarischen Gesellschaft, deren Umrisse sich erst jetzt, im Zeichen der Corona-Pandemie, schemenhaft abzuzeichnen beginnen. Vor über 230 Jahren wagt er eine Prophetie, die den Optimismus seines frühen Mentors, Gottfried Herder, heute als Mangel an Information erscheinen lässt. Frau von Stein offenbart er nämlich, dass Herder zwar »den schönen Traumwunsch der Menschheit« ausgeführt habe, er aber, Goethe, habe eine ganz andere abgründige Vision: dass nämlich »zu gleicher Zeit die Welt ein großes Hospital und einer des anderen humaner Kranckenwärter werden wird.« (*Brief an Charlotte von Stein*, 8.6.1787)

»Vom Himmel durch die Welt zur Hölle« also? Den Gang der Handlung der *Faust*-Tragödie hat Goethe jedenfalls so beschrieben (Vers 242). Und dennoch erwartet Faust nach seinem Tod unerwartete Rettung: mithilfe der sogenannten Wiederbringungslehre des ketzerischen griechischen Kirchenvaters Origenes. Im 3. Jahrhundert hatte er gegen die kirchliche Orthodoxie protestiert mit einem optimistischen Erlösungs-Versprechen. War er doch überzeugt von einer alles erfassenden liebevoll-versöhnenden Rückführung Gottes. Alles, was einmal von ihm ausgegangen war, auch diejenigen, die sich ihm entfremdet hatten, abirrten und verloren gingen, haben verlässliche Aussicht auf eine Rückkehr zu Gott.* Oder, wie es Goethe im vorsorglich versiegelten Schluss-Bild (*Faust II*, *Bergschluchten*) dem sündigen Faust verheißen lässt: »Der früh Geliebte / Nicht

---

* Zu Goethes Rezeption der »Wiederbringungslehre« des Origenes siehe Albrecht Schöne, *Faust. Kommentare*, FA 7.2, 788 ff.

mehr Getrübte / Er kommt zurück.« (Vers 12073 ff.) Eine Wie-
derbringungs-Verheißung, mit der Goethe schon 1772 in seinem *Brief des Pastors* sympathisiert hatte. Sie wird jetzt Faust
vom Chor der Engel als Erlösungs-Rückzug in Aussicht gestellt.

Eine Aussicht, deren Hoffnungs-Potential gerade in Zeiten
der Pandemie jedenfalls wieder mit Interesse rechnen dürfte.
Denn moderne Rückzugswege aus dem »großen Hospital«
unserer Krisen scheinen sich zunehmend als sperrig zu erweisen. Allein die seit 2020 rapide fortschreitende Virusevolution
scheint diese Tendenz zu bestätigen. Warum? Weil sich am
Horizont eine fatal gegenläufige Entwicklung im Zeichen des
neu zu deutenden Goetheschen Schlüsselbegriffs des »Veloziferischen«* abzuzeichnen beginnt: die Epidemien der vor-
»veloziferischen« Zeit waren mit Ausnahmen wie der großen
Pest im 14. Jahrhundert meist noch beklagenswerte Regional-
Katastrophen. Doch mit der exponentiellen Beschleunigung
des Transportwesens als Folge der industriellen Revolution er-
reichten sie jenen unkontrollierbaren Charakter, den Goethe
bereits 1825 beschreibt mit den Worten: »und so springt's von
Haus zu Haus, von Stadt zu Stadt, von Reich zu Reich und
zuletzt von Weltteil zu Weltteil, alles veloziferisch.« (*Briefentwurf an G. H. L. Nicolovius*, vermutlich Ende November 1825)
Mit dem Ergebnis, dass mit dieser beschleunigten Verbrei-
tungschance auch die Virusevolution beschleunigt dem ehernen Wahrheitsgesetz der Natur folgt: der Optimierung des
eigenen Reproduktionserfolgs. Und zwar nach der Faustregel:
Je mehr Infizierte, desto größer die Viren-Masse, und desto
mehr vervielfachen sich die Möglichkeiten zu Mutationen und
neuen, noch erfolgreicheren Infektions-Eigenschaften. Das heißt,

---

* Veloziferisch: Goethes Verschränkung von velocitas, Geschwindig-
keit, mit Lucifer, dem Teufel; siehe auch Manfred Osten, *Alles
veloziferisch oder Goethes Entdeckung der Langsamkeit*, Göttingen 2013.

der Mensch hat das Social Distancing gegenüber der Natur offenbar missachtet. Und die viralen Mutationen beginnen nun, die Politik, die Wissenschaft und die menschliche Gesellschaft vor sich herzutreiben. Während das Virus vermutlich gekommen ist, um zu bleiben. Die menschliche Aufholjagd bei der Ortung dieser Mutations-Dynamik steht dabei vor dem langwierigen nicht-»veloziferischen« Problem: dass in Laborversuchen jeweils die rund 30.000 RNA (Ribonukleinsäure)-Buchstaben eines SARS-Cov-2-Virus untersucht werden müssen, um die einzelnen Biomoleküle als materielle Basis des Genoms zu entziffern.

Hinzu kommt, dass die menschliche Gesellschaft dieser Evolutions-Dynamik der global von »Weltteil zu Weltteil« springenden Wahrheit der Natur im Zustand einer globalen Immunschwäche gegenübersteht. Deren Anfänge Goethe bereits 1829 gegenüber Eckermann skizziert hat, und deren Ursachen im zweiten Teil des Buches näher untersucht werden sollen: »Das Schwache ist ein Charakterzug unsers Jahrhunderts [...] es ist, mit wenigen Ausnahmen alles schwach, und in der Masse steht es nicht besser.« (*Gespräch mit Eckermann*, 2. Teil, 12.2.1829)

Angesichts der zunehmenden Zahl apokalyptischer Zukunfts-Gespenster des 21. Jahrhunderts wäre es daher sicherlich hilfreich, die erwähnte freundliche »Erlösungs«-Choreographie des faustischen Endspiels zu deuten im Sinne der Empfehlung des Antonio im *Torquato Tasso*: »Wir hoffen immer, und in allen Dingen, / Ist besser hoffen als verzweifeln. Denn / Wer kann das Mögliche berechnen?« (Vers 2163 ff.)

Was sich umso mehr empfehlen dürfte, da der so erlösungsbedürftige Faust ohnehin als erster Patient im »großen Hospital« der globalen Postmoderne verstanden werden kann. Hinzu kommt, dass der erwähnten Hoffnungsempfehlung Goethes im *Tasso* ausgerechnet Goethe selbst im *Werther* früh widersprochen hat. Lautet doch dort die wenig optimistische Bilanz:

»Alle Menschen werden in ihren Hoffnungen getäuscht, in ihren Erwartungen betrogen.« (Zweites Buch, 4.8.)

Und in der Tat ist es Werther, der sich heute wie kaum ein anderer als pessimistischer Zeitgenosse im Zeichen wachsender Krisen-Szenarien präsentiert. Denn er ist es, der unbeirrt den Weg in jenes »große Hospital« antritt, über dessen Portal die Diagnose geschrieben steht, der die Menschheit zu entkommen hofft: die »Krankheit zum Tode«. Es sei denn, es gelingt, die Wurzel dieser Krankheit zu erkennen und sie konsequent zu kurieren.

Goethe hat jedenfalls vor fast 250 Jahren hellsichtig diese »Wurzel« im *Werther* bereits beim Namen genannt. Ohne dass bislang die Aktualität seiner Einsicht für das 21. Jahrhundert bewusst geworden ist: es ist jene bereits erwähnte Wahrheit der Natur, die sich nach wie vor als wirkmächtigste Bedingung des Lebens erweist, und deren Nichtbeachtung sich als Selbstzerstörung des Menschen und als Zerstörung unseres Planeten abzuzeichnen beginnt. Eine Wahrheit, die erst 1968 vom Club of Rome im Zeichen einer nachhaltigen Zukunft der Menschen und als Weckruf an die Weltgesellschaft schemenhaft wiederentdeckt worden ist. Bekanntlich ohne wesentliche reale Folgen. Hier Goethes beunruhigende Erkenntnis: »aber die *Natur* versteht gar keinen Spaß, sie ist immer wahr, immer ernst, immer strenge; sie hat immer Recht, und die Fehler und Irrtümer sind immer des Menschen.« (*Gespräch mit Eckermann,* 2. Teil, 13.2.1829)

Womit sich die Frage stellt nach der Art und Weise der »Späße«, die für Goethe schon zu seinen Lebzeiten mit der Natur getrieben wurden auf dem Weg in das »große Hospital« der Welt. Und zwar mit der im *Werther* als »Krankheit zum Tode« geschilderten Folge, »wodurch die [menschliche] Natur so angegriffen wird, daß theils ihre Kräfte verzehrt, theils so außer Wirkung gesetzt werden, daß sie sich nicht wieder aufzuhelfen, durch keine glückliche Revolution, den gewöhnlichen Umlauf des Lebens wieder herzustellen fähig ist« (Erstes Buch, 12.8.).

Lässt sich, was hier auf einen einzelnen Menschen bezogen ist, auch auf die Menschheit als Ganzes übertragen? Manifestiert sich also dieser Prozess inzwischen als ständig wachsende Immunschwäche des Menschen gegenüber der Natur? Beginnt hier ein Prozess der »Schwäche« als »Charakterzug unsers Jahrhunderts«? Mit Krankheitssymptomen, wie sie Goethe schon der Romantik vorgeworfen hat? War dies der Versuch einer Wiederverzauberung der entzauberten Welt, mit der Folge einer beginnenden Immunschwäche in Gestalt einer Realitäts- und Gegenwarts-Verweigerung? Der Goethe jedenfalls in den *Chinesisch-Deutsche Jahres- und Tageszeiten* (XIV) mit der Aufforderung begegnet: »Sehnsucht in's Ferne, Künftige zu beschwichtigen, / Beschäftige dich hier und heut im Tüchtigen.« Jedenfalls ist es Nietzsche als Goethe-Bewunderer, dem schließlich die Erklärung gelingt für diesen von Goethe diagnostizierten »Charakterzug« der »Schwäche«: »Krankheit« sei »jedesmal die Antwort […] wenn wir anfangen, es uns irgendworin leichter zu machen […], unsre Erleichterungen sind es, die wir am härtesten büßen müssen! Und wollen wir hinterdrein zur Gesundheit zurück, so bleibt uns keine Wahl: wir müssen uns schwerer belasten als wir je vorher belastet waren« (*Menschliches, Allzumenschliches*, SA I, 741).

Diesen »Erleichterungen« soll nachgegangen werden. Und zwar im Sinne von Fortschritt als »Erleichterung«, als das erfolgreiche Experiment moderner Wissenschaft und deren Ergänzung durch die Technik. Als folgenreiche Entlastung menschlicher Energie-Anstrengungen durch Rückgriff auf die fossilen Energieressourcen der Erde. Hatte doch Goethe schon erkannt: »Erde sie steht so fest! / Wie sie sich quälen läßt!« (*Pandora*, Vers 189 f.)

In Teil I dieses Buches soll daher vorrangig gefragt werden nach Goethes Strategien zur Steigerung der Immunität gegenüber der sich abzeichnenden »hospitalen« Immunschwäche. Und zwar als resolute Verweigerung der »Erleichterungen« durch Beispiele eines übenden Lebens. Die neu verstanden werden könnten als Goethes Arbeit am Mythos des Sisyphos. Der – wie Goethe im Rückblick auf sein Leben bemerkt – für ihn bedeutete: »das ewige Wälzen eines Steines, der immer von neuem gehoben sein wollte.« (*Gespräch mit Eckermann*, 1. Teil, 27.1.1824)

Es war das Wälzen eines Steins vor allem gegen die zunehmend extremistischen Tendenzen der Entgrenzung und Maßlosigkeit im Zeichen einer entfesselten Lebensgier. Die Notwendigkeit permanenten Übens also als Aufforderung der Natur zur Sicherung des Lebens durch Stärkung des Immunsystems. Das heißt, schon vor Nietzsche hat Goethe die Erde verstanden als »asketischen Stern« (Friedrich Nietzsche: *Zur Genealogie der Moral*, SA 2, 858), als einen Planeten des ständigen Übens.

Das übende Leben also als die eigentliche »Aufgabe«, über die Nietzsche spricht als »jenes verborgene und herrische Etwas, für das wir lange keinen Namen haben, bis es sich endlich als unsre Aufgabe erweist, – dieser Tyrann in uns nimmt eine schreckliche Wiedervergeltung für jeden Versuch, den wir machen, ihm auszuweichen oder zu entschlüpfen« (*Menschliches, Allzumenschliches*, SA 1, 740).

Da Goethe seine Prophetie des »großen Hospitals« der Welt aber gleichzeitig verstanden hat als »Aufgabe«, dass »jeder des anderen humaner Kranckenwärter werden wird«, so soll sichtbar werden, dass er sich selbst auch als erster solidarischer »Krankenwärter« verstanden hat: »Ich kann und will das Pfund nicht mehr vergraben! / Warum sucht' ich den Weg so sehnsuchtsvoll, / Wenn ich ihn nicht den Brüdern zeigen soll?« (*Zueignung*, Vers 70 ff.)

Was Goethe »den Brüdern« zeigt, sind Empfehlungen zur Vermeidung des Weges in das »große Hospital«. Darunter vor allem die (in Vergessenheit geratenen) Übungen der Ermutigung und Selbstdisziplinierung durch Mäßigung. Übungen also zur Vermeidung der »Krankheit zum Tode«. Jener Krankheit, die es – wie die *Marienbader Elegie* zeigt – bis ins hohe Alter zu vermeiden galt. Immer wieder lautet daher die Frage: Wie kann es – im Sinne des genannten *Werther*-Zitats – gelingen, durch eine »glückliche Revolution, den gewöhnlichen Umlauf des Lebens wieder herzustellen«? Gibt es hierzu, etwa mit Blick auf das kaum beachtete China-Verständnis Goethes, Hinweise auf eine immunitäre Sicherung des Lebens? Also jenseits des Horizonts der eurozentristischen Belehrungsgesellschaft mit der notorischen Weigerung, sich in eine Lerngesellschaft fremder Kulturen zu transformieren? Gibt es dort Praktiken, die Goethe als paradigmatisch verstanden hat zur Vermeidung des »großen Hospitals« der Welt? Zum Beispiel im Sinne einer Stärkung des Gemeinsinns zur wechselseitigen Sicherung der Immunität der Menschen? Ließe sich Goethes zur bildungsbürgerlichen Leerformel mutierte Forderung »Edel sei der Mensch, / *Hülfreich* und gut« in diesem Sinne neu lesen?

Eine neue Lesart, die allerdings nur dann Erfolg haben könnte, wenn es gleichzeitig gelänge, zwei wichtige Phänomene im Weltverständnis Goethes therapeutisch umzusetzen. Folgt doch Goethe auf eigene Weise der Einsicht Nietzsches, dass unsre »kleine Vernunft« nur ein Werk- und Spielzeug »deiner großen Vernunft« ist (*Also sprach Zarathustra*, SA 2, 300). Und dass jedes Verharren in der Maßlosigkeit gegenüber dieser »großen Vernunft« jeder Vernunft der Lebens-Sicherung widerspricht. Mit dem 1825 festgehaltenen fatalen Ergebnis: »alles […] ist jetzt ultra […]. Niemand kennt sich mehr, niemand begreift das Element worin er schwebt und wirkt.« (*Brief an Zelter*, vermutlich 6.6.1825)

13

Und dass es andererseits im Sinne Goethes gilt, die in »der großen Vernunft des Leibes« wirkmächtige Natur zu verstehen als Universum unendlicher »Wechselwirkungen« (A. v. Humboldt, *Alles ist Wechselwirkung*). Mit der Besonderheit komplexer nicht-linearer Prozesse. Denen gegenüber es nur ein einziges Rettungsmittel gibt: Empathie im Sinne der Forderung Alexander von Humboldts: »Denn die Natur muß gefühlt werden, wer sie nur sieht und abstrahiert, kann […] Pflanzen und Tiere zergliedern […]. […] er wird ihr aber selbst ewig fremd bleiben.« (*Brief von A. v. Humboldt an Goethe*, 3.1.1810)

Es soll in diesem Zusammenhang gezeigt werden, dass Goethe und Humboldt verstanden werden können als Vordenker einer alternativen Naturwissenschaft im Zeichen der Reinhaltung der Natur statt ihrer Nutzung in fortschreitenden Prozessen des Weltverbrauchs. Eine Reinhaltung im Geiste vor allem jenes »heiligen Vermächtnisses«, das Goethe im *West-östlichen Divan* für die Nachwelt festgehalten hat als Aufforderung zu globalem »brüderlichen Wollen«: zur Reinhaltung der drei Elemente Luft, Wasser und Erde. Und dies als »*Schwerer Dienste tägliche Bewahrung*, / Sonst bedarf es keiner Offenbarung.« (*Vermächtniß alt persischen Glaubens* im *Buch des Parsen*) Zu dieser dominanten Rettungs-Idee der Reinheit wird sich – wie gezeigt werden soll – dann im hohen Alter bei Goethe noch die Idee der Herden-Immunität gesellen: als konkrete Strategie der Gesundung bei viralen Infektionen.

Vor diesem Hintergrund könnte Goethes »großes Hospital« verständlich werden als gegenläufige Groß-Metapher des 21. Jahrhunderts. Die den Blick freigibt für eine neue »Lesbarkeit der Welt« (Hans Blumenberg): mit Sisyphos, als ihrem ältesten »humanen Krankenwärter«. Gelang es ihm doch, den Tod zu überlisten und den Todesgott (Thanatos) zu fesseln. Goethe hat ihn jedenfalls für sich reklamiert: im Namen der Immunsteigerung zur Bewahrung des Lebens.

Sisyphos, der gleichzeitig verstanden werden muss als Repräsentant eines übenden Lebens im Zeichen jener Geduld, die Goethes Faust nicht kennt. Und der, indem er die Geduld verflucht, sich als erster Intensiv-Patient im pandemischen »Hospital« der Moderne erweist: Lemuren, »geflickte Halbnaturen« (Vers 11514) nämlich, sind seine Totengräber. »Verwirrende Lehre zu verwirrenden Handel« (*Brief an W. v. Humboldt*, 17.3.1832) waltet bereits über Fausts Welt.

Statt Therapieempfehlungen hinterlässt Faust hier der Nachwelt die mephistophelische Trias der Dreieinigkeit von »Krieg, Handel und Piraterie« (Vers 11187). Begleitet von der Liquidierung des kulturellen Gedächtnisses (Philemon und Baucis), den Straflagern der Zukunft (»Menschenopfer mußten bluten«, Vers 11127) und den Rache-Feldzügen der Elemente (»In jeder Art seid ihr verloren«, Vers 11548). Und schließlich mit der barbarischen Hospital-Strategie als Triage-Empfehlung des Baccalaureus für künftige Pandemien im »großen Hospital« der Welt: »Hat einer dreißig Jahr vorüber, / So ist er schon so gut wie tot. / Am besten wär's euch zeitig totzuschlagen.« (Vers 6787 ff.)

Goethe hat den zweiten Teil des *Faust* vorsorglich versiegelt. Er hat es der Nachwelt überlassen, die infektiösen Symptome auf dem Weg zum »großen Hospital« der Welt zu erkennen. Um dieses Erkennen zu verbinden mit der aktuellen Frage, ob wir – wie Faust – entschlossen sind, weiter über unsere Verhältnisse zu leben. Oder jenem Weg der Genesung den Vorzug geben, den Faust zu spät erkennt (Vers 11404–11407):

> Könnt ich Magie von meinem Pfad entfernen
> Die Zaubersprüche ganz und gar verlernen
> Stünd ich, Natur! vor dir ein Mann allein
> Da wär's der Mühe wert ein Mensch zu sein.

Teil I
Die Erziehung zum »humanen Krankenwärter«

1. Kapitel
Das »einfachere Tier
im zusammengesetzten Menschen«

Goethe hat es nicht belassen bei der Prophetie vom »großen Hospital der Welt«, wo »einer des anderen humaner Kranckenwärter werden wird«. Er wusste zwar noch nichts von den Pandemie-Erkenntnissen der Gegenwart, aber es hätte ihn sicherlich nicht überrascht, dass die Natur, ähnlich wie die Literatur auf dem Weg zur »Weltliteratur«, von »der sich immer vermehrenden Schnelligkeit des Verkehrs« (Aus dem Faszikel zu Carlyles ›Leben Schillers‹, FA 22, 866) profitieren würde: in Richtung einer Welt-Natur. Und dass auch virale Wanderungen sich diesem globalen Trend anschließen, hätte ihn vermutlich am wenigsten überrascht. Denn wenn alles, wie er 1825 notierte, inzwischen »von Weltteil zu Weltteil« springt, warum nicht auch jene Mikroorganismen, die er längst in seine Betrachtungen als archaische Gäste des Menschen einbezogen hatte.

Goethe hatte frühkindlich Erfahrung mit Pockenviren gemacht, die ihn vermutlich im sechsten Lebensjahr befallen hatten, und über die er in *Dichtung und Wahrheit* berichtet (I, 1). Eine Kindheitserinnerung, deren Aktualität mit Blick auf Impfstrategien der Gegenwart zur Bekämpfung des pandemischen Corona-Virus auf der Hand liegt. Wird hier doch Goethes rational geleitete Offenheit gegenüber Impfungen erkennbar. Wobei allerdings inzwischen vermutet wird, dass für Impfungen im Falle von Virus-Pandemien ein fataler Prozess aktiviert wird: je mehr Menschen geimpft sind, desto schneller werden sich auch Mutationen des Virus verbreiten, die gegen die Impfstoffe gefeit sind. Goethe schreibt (FA 14, 43):

Ich hatte mir eben den Fortunatus [mittelalterliches Volksbuch] mit seinem Säckel und Wunschhütlein gekauft, als mich ein Mißbehagen und ein Fieber überfiel, wodurch die Pocken sich ankündigten. Die Einimpfung derselben ward bei uns noch immer für sehr problematisch angesehen, und ob sie gleich populare Schriftsteller schon faßlich und eindringlich empfohlen; so zauderten doch die deutschen Ärzte mit einer Operation, welche der Natur vorzugreifen schien. Spekulierende Engländer kamen daher aufs feste Land und impften, gegen ein ansehnliches Honorar, die Kinder solcher Personen, die sie wohlhabend und frei von Vorurteil fanden. Die Mehrzahl jedoch war noch immer dem alten Unheil ausgesetzt; die Krankheit wütete durch die Familien, tötete und entstellte viele Kinder, und wenige Eltern wagten es, nach einem Mittel zu greifen, dessen wahrscheinliche Hülfe doch schon durch den Erfolg mannigfaltig bestätigt war. Das Übel betraf nun auch unser Haus, und überfiel mich mit ganz besonderer Heftigkeit. Der ganze Körper war mit Blattern übersäet, das Gesicht zugedeckt, und ich lag mehrere Tage blind und in großen Leiden. Man suchte die möglichste Linderung, und versprach mir goldene Berge, wenn ich mich ruhig verhalten und das Übel nicht durch Reiben und Kratzen vermehren wollte. Ich gewann es über mich; indessen hielt man uns, nach herrschendem Vorurteil, so warm als möglich, und schärfte dadurch nur das Übel. Endlich, nach traurig verflossener Zeit, fiel es mir wie eine Maske vom Gesicht, ohne daß die Blattern eine sichtbare Spur auf der Haut zurückgelassen; aber die Bildung war merklich verändert. Ich selbst war zufrieden, nur wieder das Tageslicht zu sehen, und nach und nach die fleckige Haut zu verlieren.

Erst 1959 wird die WHO darauf aufmerksam machen, dass diese Viren als Infektionskrankheiten auch »zoonotisch«, das heißt zwischen Wirbeltieren und dem Menschen, übertragen werden können. Man vermutet heute, dass Zehntausende von möglicherweise zoonotischen Parasiten existieren. Sie alle können von Wirbeltieren auf Menschen übertragen werden. Dabei wird die Zahl der bislang unentdeckten Viren auf etwa 1,6 Millionen geschätzt.

Hinzu kommt, dass beim zoonotischen Grenzübergang Viren transportiert werden, deren archaische Vorfahren bei näherem Hinsehen seit Urzeiten (vor 40 bis 70 Millionen Jahren) schon mit den Vorfahren des Homo sapiens vertraut waren. Ja, sie können sogar beanspruchen, dass etwa acht Prozent der menschlichen DNA aus ihren »Überresten« besteht. Es war ihnen offenbar gelungen, eine archaische Immunschwäche des Menschen zu nutzen, um in ihm heimisch zu werden: indem sie ihr eigenes Erbgut in dessen Genom »einschleusten«. Bestimmte Viren – man nennt sie Retroviren – können sich seitdem sogar nur im menschlichen Wirt vermehren.

Und es war Goethe, der es gewagt hat, die Blickrichtung auf den Menschen zu ändern, um diesen Kunstgriff der Natur im Menschen zu erkennen. Bereits während seiner frühen anatomischen Studien hat Goethe unorthodox empfohlen, den Menschen von »unten« her zu erkennen (*Schriften zur Morphologie*, FA 24, 265 f.):

der Einblick, wie die allgemeinen Gesetze bei verschieden beschränkten Naturen wirksam sind, die Einsicht zuletzt, wie der Mensch dergestalt gebaut sei, daß er so viele Eigenschaften und Naturen in sich vereinige und dadurch auch schon physisch als eine kleine Welt, als ein Repräsentant der übrigen Tiergattungen existiere, alles dieses kann nur dann am deutlichsten und schönsten eingesehen werden, wenn wir, nicht wie bisher leider nur zu oft geschehen, unsere Betrachtungen von oben herab anstellen und den Menschen im Tiere suchen, sondern wenn wir von unten herauf anfangen und das einfachere Tier im zusammengesetzten Menschen endlich wieder entdecken.

Ein wissenschaftlicher Grenzgang von unten also, vom »einfacheren Tier« hinauf zum »zusammengesetzten« Menschen als dem »noch nicht festgestellten Tier« (Nietzsche: *Jenseits von Gut und Böse*, SA 2, 623). Mit dem überraschenden Ergebnis moderner Viren-Forschung, dass nicht nur acht Prozent des menschlichen Genoms von Viren abstammen, sondern dass diese zum Teil uralten DNA-Schnipsel ausgerechnet an der Entwicklung unseres Immunsystems beteiligt waren und sind. Ihnen gelingt, was Goethe hochgeschätzt hat: das Paradoxon! Viren helfen dem Menschen bei der Abwehr gegen die Artgenossen dieser Viren. Also gehören durchaus auch Viren zu diesen »einfacheren Tieren im zusammengesetzten Menschen«! Ließen sich aus diesem Paradoxon der »einfacheren Tiere im zusammengesetzten Menschen« möglicherweise Einsichten gewinnen für jene »geheim-offenbaren« Prozesse der Natur bei der Entwicklung der Immunschwächen und -stärken im Menschen im Laufe der Evolution? Könnte man der Wissenschaft vielleicht auf die Sprünge helfen?

Etwa so, wie es Goethe gegenüber dem Philologen und Pädagogen Riemer angedeutet hat: »Die Natur kann zu allem, was sie machen will, nur in einer Folge gelangen. Sie macht keine Sprünge.« (*Gespräch mit Riemer*, 19.3.1807) Es überrascht daher nicht, dass Goethe schon 1782 in einem Brief an Merck den

Blick auf die Entwicklung der »niederen Tiere« seit der Urzeit lenkt und prophezeit: »Es wird nun bald die Zeit kommen, wo man Versteinerungen […] verhältnismäßig zu den Epochen der Welt rangieren wird.« (*Brief an Merck*, 27.10.1782) Eine Prophetie, die dann erst in der zweiten Hälfte des 19. Jahrhunderts eine wissenschaftliche Bestätigung finden sollte: mit der Erstellung einer auf dem Prinzip der Leitfossilien gründenden Zeitskala der Erdgeschichte.

Die Vorstellung der Menschwerdung von ganz »unten« hat Goethe jedenfalls über Jahrzehnte weiter beschäftigt. Um dann gegenüber Zelter zu dem Schluss zu gelangen: »Manche Exemplare einer vor allen geschichtlichen Zeiten versenkten organischen Welt« hätten sich bei ihm eingefunden. »Fossile Tier- und Pflanzenreste versammeln sich um mich, wobei man sich notwendig nur an Raum und Platz des Fundorts halten muß, weil man bei fernerer Vertiefung in die Betrachtung der Zeiten wahnsinnig werden müßte.« (*Brief an Zelter*, 11.3.1832)

Zu dieser »Betrachtung der Zeiten« gehört denn auch die erwähnte Tatsache, dass virale Überreste der Urzeit als freundliche Assistenten einer angeborenen »Immunreaktion« jenes Immunsystem gestärkt haben, dessen Erhalt und Stärkung für Goethe von höchstem Interesse bleiben sollte. Das gilt vor allem für jene Steigerung des Lebens, die sich im *Werther* wiederfindet. Und zwar in gegenläufiger Richtung, zur »Krankheit zum Tode«: Mit der Aussicht, dass es der Natur selbst gelingt, durch eine »glückliche Revolution den gewöhnlichen Umlauf des Lebens wieder herzustellen«. Eine »glückliche Revolution«, die sich offenbar auch ereignet hatte in dem genannten, positiv verlaufenen Transformationsprozess der archaischen Viren zur Stärkung des Immunsystems im Menschen. Und erst mithilfe der modernen Molekularbiologie war es möglich, die Viren, diese besonderen »einfacheren Tiere« im Menschen, zu entdecken.

Goethe selbst hat seinen Zeitgenossen diese Betrachtungs-
weise von ganz »unten«, vom Anfang her, offenbar nicht zuge-
traut. Er hat diesen Blickwinkel sogar im zweiten Teil der *Faust*-
Tragödie versiegelt. Dort ist es Thales, der in der »Klassischen
Walpurgisnacht« den Blick »von unten« wagt mit der Aufforderung: »Gib nach dem löblichen Verlangen / Von vorn die
Schöpfung anzufangen, / Zu raschem Wirken sei bereit! / Da
regst du dich nach ewigen Normen, / Durch tausend abertausend Formen, / Und bis zum Menschen hast du Zeit.«
(Vers 8321–8326) Der Mensch also als ein von »unten« her
entwickelter Kosmos, eine aus »tausend abertausend Formen«
entstandene Lebenstüchtigkeit, zu der auch die Entwicklung
des menschlichen Immunsystems gehört.

Wir wissen heute, dass im komplexen Netzwerk dieses kör-
pereigenen Abwehrsystems ein täglicher Kampf gegen Viren,
Bakterien, Pilze und Parasiten tobt, die von außen eindringen.
Selbst einfachste Organismen besitzen eine angeborene (natürliche) Immunität. Schon bei wirbellosen Tieren und selbst bei
Pflanzen findet man sie. Und in der Regel ist diese natürliche
Immunität allein schon wirksam genug, um einen Großteil von
Infektionen abzuwehren. Hinzu kommt, dass vor ca. 500 Millionen Jahren Wirbeltiere begannen, zusätzlich zum natürlichen
auch ein sogenanntes adaptives Immunsystem zu entwickeln,
das lern- und anpassungsfähig ist. Es reagiert selektiv auf Infektionen und kann bereits erkannte und überwundene Erreger
mit gesteigerter Effizienz bekämpfen.

Das heißt, es ist dieser Millionen Jahre umfassende Prozess
einer ständig fortschreitenden immunitären Sicherung des Lebens, den Goethe als Naturforscher intuitiv erfasst und als Betriebsgeheimnis der Natur gedeutet hat. Ein Geheimnis, das er
verstanden hat als Sicherung und Steigerung des Lebens im
Wege eines ständig fortschreitenden Prozesses des Vergehens
und Entstehens. Goethe beschreibt ihn im *Faust* als »Gestal-

tung, Umgestaltung, / Des ewigen Sinnes ewige Unterhaltung«
(Vers 6287 f.). Es ist ein Prozess, der gesichert wird durch »die
Mütter« im »tiefsten, allertiefsten Grund« (Vers 6284). Es ist
der »allertiefste« mütterliche Grund des Lebens. Und zugleich
der Wahrheit der Natur. Ereignet sich hier doch, was Goethe
im Gedicht *Vermächtnis* statuiert: »Was fruchtbar ist allein ist
wahr« (Vers 33). Und es ist die moderne Gynäkologie, die dieses
Goethesche *Vermächtnis* des »Fruchtbaren« und »Wahren«
heute wissenschaftlich in Verbindung bringt mit Goethes Vorstellung der »einfacheren Tiere« im »zusammengesetzten
Menschen«. Denn es sind die im menschlichen Genom einge-
bauten Viren, die bereits erwähnten Retroviren, die dazu bei-
tragen, dass sich die Placenta, der weibliche Fruchtkuchen, an
der Gebärmutterwand bildet und die so von existentieller Bedeutung sind für die Entstehung neuen Lebens. Erinnernd an
den »Chorus Mysticus«. Dort, wo die *Faust*-Tragödie endet mit
der Vision des »Ewig-Weiblichen«, von dem es heißt, es »ziehe
uns hinan« (Vers 12110 f.).

Für Goethe gipfelt dieser Metamorphose-Prozess der »Ge-
staltung, Umgestaltung«, des Vergehens und Entstehens in der
»schönsten Erfindung« der Natur: dem Leben: »Leben ist ihre
schönste Erfindung, und der Tod ist ihr Kunstgriff viel Leben
zu haben.« (Fragment *Die Natur*, FA 25, 12)

Im Folgenden soll daher gezeigt werden, dass Goethe die
Sicherung dieses »Kunstgriffs« der Natur als Aufforderung verstanden hat, das Leben als »ihre schönste Erfindung« in sich
und anderen zu schützen, zu stärken und zu steigern. Und dies
gegen alle sich abzeichnenden gegenläufigen Tendenzen in
Richtung des »großen Hospitals« der Welt, das er bereits 1798
beschrieben hat mit den Worten: »denn von der Vernunfthöhe herunter sieht das ganze Leben wie eine böse Krankheit
und die Welt einem Tollhaus gleich.« (*Brief an Chr. G. v. Voigt*,
19.12.1798) Goethe ist dieser »bösen Krankheit« konsequent

begegnet durch eine immunitäre Stärkung des Lebens, die als vorbildlich verstanden werden kann. Und zwar für alle, die im Sinne Goethes bereit sind, sich und andere auszubilden als »humane Krankenwärter« im »großen Hospital«. Und dies nach Goethes eigener Devise (*Zahme Xenien I*, FA 2, 626):

> Fahrt nur fort nach eurer Weise
> Die Welt zu überspinnen!
> Ich in meinem lebendigen Kreise
> Weiß das Leben zu gewinnen.

2. Kapitel
Die Immunität des entschiedenen Willens

Goethe ist nicht stehen geblieben bei der soeben erwähnten Überzeugung der Herkunft des Menschen »von ganz unten«, vom »einfacheren Tier«. Er hat der Natur nicht nur vertraut, dass auf dem Weg »von ganz unten« die Natur mit dem Leben auch die Immunität des Lebens als »ihrer schönsten Erfindung« fördern und steigern wird. Und dass es ihr mit dem »Kunstgriff« des Todes immer wieder gelingt, »viel Leben zu haben«. Eine Einsicht, die inzwischen ihre molekularbiologische Bestätigung findet in der wissenschaftlichen Erforschung der Apoptose, dem programmierten Zelltod. Das heißt, das Leben wird gesichert durch das »Suizidprogramm« einzelner biologischer Zellen auf der Grundlage des ihnen innewohnenden Stoffwechsel-Prozesses. Goethe selbst hat sein Vertrauen in diesen »Kunstgriff« der Natur festgehalten mit den Worten: »Sie hat mich herein gestellt sie wird mich auch heraus führen. Ich vertraue mich ihr. Sie mag mit mir schalten. Sie wird ihr Werk nicht hassen.« (Fragment *Die Natur*, FA 25, 13) Ein Ur-Vertrauen, das sich bei ihm verschränkt mit dem Bewusstsein tiefer Dankbarkeit gegenüber der Natur. Und zwar in Gestalt eines »entschiedenen Willens«, ihr als »humaner Krankenwärter« zu dienen im Sinne einer entschiedenen Wahrung und Steigerung der Immunität des Lebens als dem kostbarsten Geschenk der Natur.

Von hierher fällt denn auch ein verstörendes Licht auf einen Einwand Goethes gegenüber Schiller: Er »war undankbar gegen die große Mutter [die Natur], die ihn gewiß nicht stiefmütterlich behandelte. Anstatt sie selbständig, lebendig vom Tiefsten bis zum Höchsten gesetzlich hervorbringend zu betrachten« (*Glückliches Ereignis*, FA 24, 435 f.). Ein Undank mit der notwendigen Folge einer nachhaltigen Immunschwächung des Lebens. Eine Immunschwächung, die Goethe im Januar 1827 im Rückblick gegenüber Eckermann erläutern wird. Hatte doch Schiller schon in der *Braut von Messina* den Chor verkünden lassen: »Das Leben ist der Güter höchstes nicht« (*Die Braut von Messina*, IV, 10). Das heißt, er hatte jenen Weg beschritten, der für Goethe einer lebensgefährdenden Realitäts-Verweigerung nahe kam: die Rangerhöhung des »Ideellen«. Für Goethe überhaupt eine typisch deutsche Gefahr. Denn der Deutsche besitzt das »Ideelle« in »ganzer Freiheit« (*Gespräch mit Eckermann*, 1. Teil, 15.7.1827). Mit der fatalen Folge: »Alles Ideelle, sobald es vom Realen gefordert wird, zehrt endlich dieses und sich selbst auf. So der Credit (Papiergeld) das Silber und sich selbst.« (*Sprüche in Prosa*, FA 13, 34)

Es ist denn auch dieses tödliche »Sich-Selbst-Aufzehren«, das Goethe im Rückblick auf Schiller gegenüber Eckermann zur Sprache bringt: er ging »zur ideellen [Freiheit] über, und ich möchte fast sagen, daß diese Idee ihn getötet hat denn er machte dadurch Anforderungen an seine physische Natur, die für seine Kräfte zu gewaltsam waren.« (*Gespräch mit Eckermann*, 1. Teil, 18.1.1827)

Goethe selbst hat bewusst den gegenläufigen Weg zur immunitären Sicherung des Lebens gewählt. Es ist der Weg des »entschiedenen Willens« durch Mobilisierung des Vertrauens auf die Selbstheilungskraft der Natur. Und zwar im Sinne einer »glücklichen Revolution«. »Ich kann aus meinem eigenen Leben ein Faktum erzählen, wo ich bei einem Faulfieber der Ansteckung unvermeidlich ausgesetzt war, und wo ich bloß durch einen entschiedenen Willen die Krankheit von mir abwehrte.« (*Gespräch mit Eckermann*, 2. Teil, 7.4.1829) Das heißt, Goethe war mithilfe des »entschiedenen Willens« so etwas wie eine aktive Immunisierung gegen die bakteriellen Mikrooganismen des Fleckfiebers bzw. Flecktyphus gelungen. So wie es ihm als

Sechsjährigem auch gelungen war, im eigenen Körper einen Immunschutz gegen die viralen Mikroorganismen der Pocken zu entwickeln. Eine immunitäre Erfahrung, die Goethe – wie noch gezeigt werden soll – schließlich mutieren lässt zum »humanen Krankenwärter« gegen diese Virus-Infektion: Er wird zum frühen und dezidierten Befürworter des Pocken-Impfzwangs – und damit auch zum Vordenker der modernen Theorie der Herden-Immunität als Möglichkeit einer vollständigen Immunisierung der Bevölkerung. War doch erst im 18. Jahrhundert durch Maria Theresia die Methode (des in Konstantinopel praktizierenden Arztes Emanuele Timoni) der Inokulation (gezielte Infektion mit abgeschwächten menschlichen Pockenviren) nach Europa gelangt.

Der europäische Beginn also der Reaktion auf eine Epidemie, die bekanntlich inzwischen auch global empfohlen wird für die Virus-Pandemie. Das heißt, für die Ausbreitung jener »einfacheren Tiere« im »zusammengesetzten Menschen«. Und den inzwischen erfolgten Prozess dieser globalen Verbreitung hatte Goethe bereits 1825 generell beschrieben: »und so springt's von Haus zu Haus, von Stadt zu Stadt, von Reich zu Reich und zuletzt von Weltteil zu Weltteil«. Und dies in einem Brief an den Großneffen und Juristen Nicolovius in Berlin, den Goethe nicht abgesandt hat. Offenbar unter Beachtung der Maxime, die er in den *Wanderjahren* festgehalten hat: »es ist Pflicht, anderen nur dasjenige zu sagen, was sie aufnehmen können.« (*Wanderjahre*, I, 3)

Allerdings hat Goethe keinen Zweifel daran gelassen, dass die Selbstheilungskräfte der Natur nicht nur bei »leiblichen« Krankheiten wirkmächtig werden können. Gegenüber dem Komponisten Johann Christian Lobe hat er in diesem Sinne bemerkt: »die Natur reagiert nicht bloß gegen die leibliche Krankheit, sondern auch gegen die geistigen Schwächen; sie sendet in der steigenden Gefahr stärkern Mut.« (*Gespräch mit*

Lobe, etwa Mitte Juli 1820) Eine abgründige Überzeugung, die Einblick gewährt in Goethes bis zum Ende seines Lebens beharrlich verfolgte Bemühungen der »entschiedenen« Ermutigung in allen Lebenslagen. Es sind Selbstermutigungen und Ermutigungen anderer, mit denen er immer wieder den Versuchungen der »Krankheit zum Tode« im »großen Hospital« der Welt begegnet ist. Und zwar an beiden Fronten: gegen die »leibliche Krankheit« und die »geistigen Schwächen« seiner Zeit. Ein Langzeit-Projekt der Stärkung der Immunkräfte mit der erschütternden Bilanz, die er gegenüber Eckermann offenbart: »Man hat mich immer als einen vom Glück besonders Begünstigten gepriesen; auch will ich mich nicht beklagen und den Gang meines Lebens nicht schelten. Allein im Grunde ist es nichts als Mühe und Arbeit gewesen, und ich kann wohl sagen, daß ich in meinen fünfundsiebzig Jahren keine vier Wochen eigentliches Behagen gehabt.« (*Gespräch mit Eckermann*, 1. Teil, 27.1.1824)

Die wahre Dimension dieser »Mühe und Arbeit« aber wird erst sichtbar, wenn man sie zugleich versteht als »entschiedene« doppelte Frontstellung gegenüber einer viel tiefer zu verortenden Gefahr. Gemeint ist jenes »schwere Geheimnis« einer Krankheit, die in der Natur des Menschen selbst begründet ist. Es ist das »schwere Geheimnis« einer Krankheit, die sich bei näherer Betrachtung als eigentlicher Quellgrund aller »leiblichen Krankheiten« und »geistigen Schwächen« im »großen Hospital« der Welt erweist: Ihr »schweres Geheimnis« lautet: »Suche nicht vergebne Heilung! / Unsrer Krankheit schwer Geheimnis / Schwankt zwischen Übereilung / Und zwischen Versäumnis.« (*Sprichwörtlich*, FA 2, 394)

Das aber heißt: Der Weg der Heilung muss verstanden werden als eine an Vergeblichkeit grenzende Gratwanderung zwischen Versäumnis und Übereilung. Gezeigt werden soll, dass Goethe beide Abgründe dieser naturbedingten Verfasstheit der

Conditio humana in sich selbst und in seiner Zeit furchtlos im Blick behalten hat. Und dass es immer wieder die »Versäumnisse« und »Übereilungen« sind, denen es mit »entschiedenem Willen« entgegenzutreten galt. Dies aber ist grundsätzlich nur möglich durch Einsicht in die unbequeme Wahrheit: Die Immunität des Lebens kann nur erhalten und gesteigert werden, indem das Leben verstanden wird als die ständige Aufforderung: »Versäumt nicht zu üben / Die Kräfte des Guten.« (*Symbolum*) Und zwar gegenüber den gefährdenden Versuchungen des »Versäumens« und der »Übereilung«. Eine Einsicht, die sich übrigens bereits aus der physischen Verfasstheit des Menschen ergibt: ein Muskel, der 24 Stunden nicht geübt wird, atrophiert um 20 Prozent. Mit weitreichenden Folgen für alle Bereiche des »leiblichen« und »geistigen« Lebens.

Es wird sich zeigen, dass Goethes Faust den tragischen Weg sowohl des Übereilens als auch des Versäumens geht. Goethe selbst ist beiden Gefährdungen begegnet mit dem »entschiedenen Willen«, die »Kräfte des Guten« zu üben. Er geht den entgegengesetzten Weg des Lebens.

Im Gedicht *Symbolum* plädiert er in diesem Sinn für die bereits erwähnte Arbeit am Mythos des Sisyphos: das nie zu versäumende Wälzen eines Steins, der morgens immer wieder gehoben werden will. Hier der volle Wortlaut der Goetheschen Magna Charta des Nicht-Versäumens: »Doch rufen von drüben / Die Stimmen der Geister / Die Stimmen der Meister: / Versäumt nicht zu üben / Die Kräfte des Guten.« (*Symbolum*, Vers 21–25)

Goethe schildert die eigene Praxis dieses Nicht-Versäumen des Übens der »Kräfte des Guten« gegen die »leibliche« Krankheit und die »geistigen Schwächen«. Das bedingte Ergebnis lautet: »Eine thätige Skepsis, welche unablässig bemüht ist sich selbst zu überwinden und, durch geregelte Erfahrung, zu einer Art von bedingter Gewißheit zu gelangen.« (*Sprüche in*

29

Prosa, FA 13, 235) Das heißt, auch dem »unablässigen Bemühen« gelingt nur eine »bedingte Gewißheit«. Warum? Weil die Einsicht gilt: nur »Das erste steht uns frei, bei'm zweiten sind wir Knechte.« (*Faust*, Vers 1412) Gemeint ist jene »Knechtschaft«, die der Mensch immer wieder erfährt gegenüber den Versuchungen von »Versäumnis« und »Übereilung«.

Eine Gratwanderung des Übens, die gegen beide Versuchungen nur gelingen kann, wenn der Mensch erkennt, was Goethe zur Differenz zwischen Mensch und Tier statuiert, nämlich eine grundsätzliche Überlegenheit der Tiere und damit auch der »einfacheren Tiere« im »zusammengesetzten Menschen«. Denn die »Tiere werden durch ihre Organe belehrt, sagten die Alten, ich setze hinzu: die Menschen gleichfalls, sie haben jedoch den Vorzug ihre Organe dagegen wieder zu belehren.« (*Brief an W. v. Humboldt*, 17.3.1832)

Mit der Folge, dass jedes Versäumen dieses »Vorzugs« des Menschen sich zugleich auch als ein Versäumen der Selbstdomestikation des Menschen erweist. Und es ist Mephisto, der dieses Versäumen bilanziert als Ergebnis eines falschen Gebrauchs der Vernunft: »Er nennt's Vernunft und braucht's allein, / Nur tierischer als jedes Tier zu sein.« (*Faust*, Vers 285 f.) Dem richtigen Gebrauch folgt die Vernunft jedoch durch die Belehrung der Organe. Nur dann folgt sie jenem Gesetz, dem Goethe vertraut und dem Nietzsche im *Zarathustra* einen Namen gegeben hat: Es ist das Gesetz der »großen Vernunft« des Leibes: »Werkzeug deines Leibes ist auch deine kleine Vernunft, mein Bruder, die du ›Geist‹ nennst, ein kleines Werk- und Spielzeug deiner großen Vernunft.« (*Also sprach Zarathustra*, SA 2, 300)

Goethe hat diese Einsicht für sich selbst im bereits erwähnten Fragment *Die Natur* festgehalten. Und wenn es dort über die Natur heißt »Ich sprach nicht von ihr. Nein, was wahr ist und was falsch ist alles hat sie [die Natur] gesprochen«, so ist es Goethe, der diese Stimme gehört hat, um ihr zu folgen. Ja, er hat sie höher geschätzt als externe Ratschläge. Nicht zufällig lautet daher ein ironischer Vers Goethes:»Viele Köche versalzen den Brei; / Bewahr' uns Gott vor vielen Dienern! / Wir aber sind, gesteht es frei, / Ein Lazarett von Medizinern.« (*Sprichwörtlich*)

Im *West-östlichen Divan* hat Goethe diese Stimme der »großen Vernunft« des Leibes hörbar gemacht am Beispiel von Systole und Diastole. Denn im Ein- und Ausatmen gehorcht der Mensch dieser Stimme der Natur. Sie spricht zu ihm, indem er atmet: Sie bedrängt und erfrischt. Und sie tut dies in den maßvollen Grenzen, die sie hierbei setzt: Sie duldet kein Übereilen und kein Versäumen in den Extremen eines Nur-Einatmens oder Nur-Ausatmens. Und indem der Mensch dieses Gesetz der Natur rein in sich selbst empfindet, gilt es, ihr zu danken für dieses Glück der Sicherung des Lebens:»Im Athemholen sind zweyerley Gnaden: / Die Luft einziehen, sich ihrer entladen; / Jenes bedrängt, dieses erfrischt; / So wunderbar ist das Leben gemischt. / Du danke Gott, wenn er dich preßt, / Und dank' ihm, wenn er dich wieder entläßt.« (*Buch des Sängers, Talismane*)

Es ist diese große Stimme der Natur-Vernunft im Menschen, der Goethe die Verpflichtung abgelauscht hat, sich würdig und dankbar zu erweisen im Sinne seiner Forderung:»Edel sei der Mensch, / Hülfreich und gut!« (*Das Göttliche*) Denn nur in der dankbaren Anerkennung und übenden Erwiderung dieser das Leben erhaltenden und fördernden Wahrheit der Natur kann es gelingen, sich selbst zum »humanen Krankenwärter« zu erziehen. Nur auf diese Weise gelingt im »großen Hospital« der Welt das Gute, Hilfreiche und Edle. Mit einem überraschenden Ergebnis. Neuere medizinische Studien belegen: Das Gut-Sein erweist sich sogar als wirkmächtige Förderung der Immunkräfte des Lebens.*

Nur im Gut-Sein gelingt die Stärkung der Immunkräfte des Menschen. Das heißt, der Weg zum »humanen Krankenwärter« für sich und andere setzt voraus, dass nur der wahrhaft gut und hilfreich ist, der zunächst sich selbst, seine »Organe«, zum Gut-Sein erzogen hat. Oder wie es der Astrolog dem unwilligen Kaiser empfiehlt: »Wer Gutes will der sei erst gut« (*Faust*, Vers 5053). Das Gut-Sein-Wollen also als die eigentliche Voraussetzung für das Hilfreich-Sein als »humaner Krankenwärter«. Das aber heißt: Der Weg zur Weltverbesserung beginnt mit der Selbstverbesserung des Menschen. Und nur durch Selbstverbesserung gelingt die Selbsterziehung, die Erziehung zum »humanen Krankenwärter«. Die Bedeutung dieser Erziehung für andere hat Goethe in *Wilhelm Meisters Lehrjahren* angedeutet mit den Worten: »Uns rührt die Erzählung jeder guten Tat, uns rührt das Anschauen jedes harmonischen Gegenstandes; wir fühlen dabei, daß wir nicht ganz in der Fremde sind, wir wähnen einer Heimat näher zu sein, nach der unser Bestes, Innerstes ungeduldig hinstrebt« (*Lehrjahre*, VII, 1).

Mit der Formulierung des ungeduldigen Hinstrebens aber wird beiläufig die andere mit dem Krankheitsmerkmal des »Übereilens« verschwisterte Gefahr sichtbar: die Ungeduld. Denn sie ist es vor allem, die sich als eine der Haupt-Ursachen für die Schwächung der Immunkräfte des Lebens erweist. Denn: »Mit Ungeduld bestraft sich zehnfach Ungeduld; man will das Ziel heranziehn und entfernt es nur.« (*Sprüche in Prosa*, FA 13, 285) Indem Faust die Geduld verflucht (»Fluch vor allen der Geduld«, Vers 1606), öffnet er das Tor nicht nur für den

---

* Näheres hierzu: Johannes Huber: *Das Gesetz des Ausgleichs. Warum wir besser gute Menschen sind*, mit einem Nachwort von Peter Sloterdijk, Wien 2020.

Weg in das »große Hospital« der Extreme, der Grenzen- und Maßlosigkeit. Anstelle der Erziehung zum »humanen Krankenwärter« tritt er den Weg an in die Schuld: »Nichts taugt Ungeduld, […] / Jene vermehrt die Schuld« (*Sprichwörtlich*). Er wird auf diese Weise vor allem auch schuldig gegenüber der Natur und dem Leben als ihrer »schönsten Erfindung«. Denn die »Natur arbeitet auf Leben und Dasein, auf Erhaltung und Fortpflanzung ihres Geschöpfes, unbekümmert ob es schön oder häßlich erscheine« (*Diderots Versuch über die Malerei*, FA 18, 562).

Fausts Tragödie der Ungeduld gipfelt daher auch in der Zerstörung der Natur mit der notwendigen Folge der Selbstzerstörung des Menschen als Teil der Natur. Faust wird schuldig, weil er gegen das Betriebsgeheimnis verstößt, mit dem es ihr gelingt, die immunitären Kräfte des Lebens zu erhalten und zu schützen: das Prinzip der »Wechselwirkung« (Alexander von Humboldt), das Goethe beschrieben hat im Aufsatz *Der Versuch als Vermittler von Objekt und Subjekt* mit den Worten: »In der lebendigen Natur geschieht nichts, was nicht in einer Verbindung mit dem Ganzen stehe, und wenn uns die Erfahrungen nur isoliert *erscheinen*, wenn wir die Versuche nur als isolierte Fakta anzusehen haben, so wird dadurch nicht gesagt, daß sie isoliert *seien*, es ist nur die Frage: wie finden wir die Verbindung dieser Phänomene, dieser Begebenheiten?« (*Der Versuch als Vermittler von Objekt und Subjekt*, FA 25, 33)

Erst vor dem Hintergrund dieser Einsichten in die Wirkmächtigkeit der immunitären Kräfte der Natur gegen alle extremistischen »ultra«-Tendenzen der Ungeduld wird die Tragweite sichtbar, die sich für Goethe mit dem Entschluss verbindet, allen Tendenzen dieser Art zu begegnen mit der Belehrung seiner Organe.

Er hat diese Belehrung der Organe gleichzeitig verbunden mit der bereits erwähnten ästhetischen Erziehung der Organe.

Womit Goethe bereits Nietzsches Rettungs-Verdikt antizipiert: »Wir haben die Kunst, damit wir nicht an der Wahrheit zugrunde gehn« (*Nachgelassene Fragmente*, SA 3, 832): Es ist jener wichtige, das Leben schützende Erziehungs-Aspekt, den Goethe empfiehlt. Er sei deshalb hier noch einmal genannt (*Dichtung und Wahrheit*, II, 7):

> Und so begann diejenige Richtung, von der ich mein ganzes Leben über nicht abweichen konnte, nämlich dasjenige, was mich erfreute oder quälte, oder sonst beschäftigte, in ein Bild, ein Gedicht zu verwandeln und darüber mit mir selbst abzuschließen, um sowohl meine Begriffe von den äußeren Dingen zu berichtigen, als mich im Innern deshalb zu beruhigen. Die Gabe hierzu war wohl Niemand nötiger als mir, den seine Natur immerfort aus einem Extreme in das andere warf.

3. Kapitel
Goethes Islam:
die Immunität der Furchtlosigkeit

Gegenüber dem Komponisten Lobe hatte Goethe die beiden bereits erwähnten Probleme genannt, die es zu bewältigen gilt bei der Mobilisierung der Selbstheilungskräfte im Zeichen einer »glücklichen Revolution« des Lebens: die »leibliche Krankheit« und die »geistigen Schwächen«. Und er hatte die wichtige Einsicht hinzugefügt, dass die Natur nicht nur bei der Abwehr dieser beiden Übel »reagiert«, sondern »sie sendet in der steigenden Gefahr stärkern Mut«.

Es ist denn auch ein Kranker, der im *Schatzgräber*-Gedicht Goethes zum Zeugen der Ermutigung durch die (eigene) Natur wird: »krank am Herzen« wird ihm Heilung versprochen durch den in ihm selbst verborgenen Schatz, den es zu entdecken gilt: »Trinke Mut des reinen Lebens! / Dann verstehst du die Belehrung, / Kommst, mit ängstlicher Beschwörung, / Nicht zurück an diesen Ort.« Eine Therapie-Empfehlung zur Heilung »ängstlicher Beschwörung«, die sich an die Adresse jener richtet, bei deren »Krank«-Sein »am Herzen« Goethe vor allem den »Philister« im Blick hat. Diesen definiert er folgendermaßen: »Was ist ein Philister? / Ein hohler Darm, / Mit Furcht und Hoffnung ausgefüllt. / Daß Gott erbarm« (*Zahme Xenien VII*, FA 2, 724 f.). Mit der Folge, dass alle Furchtsamen der Philister-Welt sich bereits auf dem Weg in das »große Hospital« befinden. Denn ihnen »sendet in der steigenden Gefahr« die Natur keinen »stärkern Mut«. Für sie gilt vielmehr das Wort des Pylades in Goethes *Iphigenie*: »Betrüglich schloß die Furcht mit der Gefahr / Ein enges Bündnis; beide sind Gesellen.« (Vers 1638 f.) Das heißt, die eigentlich zu kurierende Krankheit ist die Philisterkrankheit, jenes fatale »Krank«-Sein »am Herzen«, das Goethe in *Herrmann und Dorothea* auf den Punkt bringt: »Denn es beschleichet die Furcht gar bald die Herzen der Menschen.« (*Kalliope*, Vers 158)

Es ist eine Furchtsamkeit des Herzens, die Goethe hier als Krankheit erkennt. Und die er wenige Jahre vor seinem Tod gegenüber Eckermann erläutern wird als eine Immunschwäche des Menschen: »Die Furcht [...] ist ein Zustand träger Schwäche und Empfänglichkeit, wo es jedem Feinde leicht wird, von uns Besitz zu nehmen.« (*Gespräch mit Eckermann*, 2. Teil, 7.4.1829) Mit dieser In-Besitz-Nahme des Menschen durch die Furcht beginnt für Goethe ein infektiöser Prozess, der sogar die Freiheit erfasst und auch sie zum Opfer des »großen Hospitals« der Mutlosigkeit werden lässt. Gemeint ist jene abgründige Einsicht, die Goethe in *Wilhelm Meisters Wanderjahren* ausspricht: »Der natürliche Mensch wiederholt diese Operation millionenmal in seinem Leben, von der Furcht strebt er zur Freiheit, aus der Freiheit wird er in die Furcht getrieben und kommt um nichts weiter« (*Wanderjahre*, II, 1).

Goethe ist der Immunschwäche früh entkommen durch die Lektüre-Begegnung mit jenem Philosophen, über den er bekannt hat, er sei »reiner« und »tiefer« als er selbst: Spinoza. Goethe hat Spinoza furchtlos vertraut, obgleich er den meisten Gelehrten und Philosophen der Zeit als Atheist, Determinist und mystisch-kabbalistischer Irrlehrer galt – als »irgend jemand dem sie mißwollen, zuvörderst entstellen und dann als ein Ungeheuer bekämpfen« (*Dichtung und Wahrheit*, IV, 16). Goethe hatte den Mut, in Spinoza die Gegenwelt zur philiströsen Furchtsamkeit als Krankheits-Symptom auf dem Weg zum »großen Hospital« zu erkennen. Er gab stattdessen Spinozas *Ethik* resolut den Rang eines fünften Evangeliums. Nietzsche – als großer Bewunderer Goethes – wird im 19. Jahrhundert noch einmal versuchen (in *Also sprach Zarathustra*), dieses Evangelium gegen die Furchtherrschaft des Kirchen-Christentums und dessen Leib-Feindlichkeit zu errichten. Nietzsches Aufforderung, stattdessen der Erde wieder treu zu sein (vgl. *Also sprach Zarathustra*, SA 2, 277 ff.) und »guter Nachbar der nächsten Dinge« (*Menschliches, Allzumenschliches*, SA 1, 871 ff.), antizipiert Goethe, indem er Spinozas *Ethik* (im Winter 1784/85) zum Fundament seiner Welt- und Naturfrömmigkeit erhebt und Spinoza selbst zum Gesegneten, zum »Heiligen« (*Brief an Charlotte von Stein*, 27.12.1784) erklärt. Er fühlt sich durch Spinozas »scientia intuitiva« ermutigt, nun auch seinerseits durch anschauliches Denken das Göttliche in den »rebus singularibus« und »in herbis et lapidibus« zu suchen. Das heißt, Goethe hatte in Spinoza den Lehrer jener Weisheit erkannt, die sich als wirkmächtige Stärkung seiner Immunkräfte im Zeichen furchtloser Positivität erweisen wird. Es war diese »Friedensluft« (*Dichtung und Wahrheit*, IV, 16), die ihn aus Spinozas Werken anwehte und die ihm immer wieder neu half, Frieden in sich selbst zu finden. Und dies gegen alle aus des »gemeinen Tages Schlechtniß« (*West-östlicher Divan, Buch Hafis, Beyname*) drohenden Gefährdungen.

Goethe hat diesen Geist der lebensfördernden »Friedensluft« festgehalten im Vertrauen auf die »unbewussten« Selbstheilungskräfte der eigenen Natur. »Der Philosoph, dem ich so gern vertraue, / Lehrt, wo nicht gegen alle, doch die meisten, / Daß unbewußt wir stets das Beste leisten: / Das glaubt man gern und lebt nun frisch in's Blaue.« (*Zahme Xenien VIII*, FA 2, 727)

Es ist ein wirkmächtiges Vertrauen in die pantheistische Allmacht der Natur, das denn auch Licht wirft auf das bereits erwähnte Gespräch Goethes mit Eckermann am 7.4.1829: »Ich kann aus meinem eigenen Leben ein Faktum erzählen, wo ich bei einem Faulfieber der Ansteckung unvermeidlich ausgesetzt war, und wo ich bloß durch einen entschiedenen Willen die Krankheit von mir abwehrte.« »Faulfieber« ist eine alte Krank-

37

heitsbezeichnung für Fleckfieber, das sich in Hunger- und Krisenzeiten epidemisch ausbreitete.

Das heißt, Goethe setzt in diesem Bekenntnis konsequent auf den »entschiedenen Willen« als geheim-offenbares Rezept der Mobilisierung selbst-therapeutischer Kräfte der Natur. Denn er belässt es nicht beim Hinweis auf den »entschiedenen Willen«. Er fügt vielmehr ausdrücklich hinzu: »Es ist unglaublich, was in solchen Fällen der moralische Wille vermag! Er durchdringt gleichsam den Körper und setzt ihn in einen aktiven Zustand, der alle schädlichen Einflüsse zurückschlägt. Die Furcht dagegen ist ein Zustand träger Schwäche und Empfänglichkeit, wo es jedem Feinde leicht wird, von uns Besitz zu nehmen.« (*Gespräch mit Eckermann*, 2. Teil, 7.4.1829)

Auch den bereits genannten, gegen Spinoza erhobenen Vorwurf des Determinismus hat Goethe verstanden im Sinne einer schicksalsgläubigen Ermutigung und Stärkung der Immunkräfte. Und dies ganz im Geiste der lakonischen Begründung, die im Trauerspiel *Die natürliche Tochter* ausgesprochen wird: »Du bist gerettet, wenn du glauben kannst.« (Vers 2146) Eine Rettungs-Gläubigkeit, die sogar noch das »rücksichtslose Schicksal« als nicht lebensfeindlich empfindet. Denn: »Es kann wohl seyn, daß der Mensch durch öffentliches und häusliches Geschick zu Zeiten gräßlich gedroschen wird; allein das rücksichtlose Schicksal, wenn es die reichen Garben trifft, zerknittert nur das Stroh, die Körner aber spüren nichts davon und springen lustig auf der Tenne hin und wieder, unbekümmert ob sie zur Mühle, ob sie zum Saatfeld wandern.« (*Sprüche in Prosa*, FA 13, 37)

Weshalb es denn auch nicht überrascht, dass Goethe sowohl die Bibel als auch den Koran bewusst als Einladung verstanden hat zur Steigerung der Lebenskräfte und der »Zuversicht in den dringendsten Gefahren« (*Gespräch mit Eckermann*, 1. Teil, 11.4.1827; auch die folgenden Zitate). – Gegenüber Eckermann hat er diesen metaphysischen Immunschutz in einem Gespräch über »Religionslehren« ausführlich erläutert:

> »Ihr müßtet wie ich, sagte Goethe, seit funfzig Jahren die Kirchengeschichte studiert haben, um zu begreifen, wie das alles zusammenhängt. Dagegen ist es höchst merkwürdig, mit welchen Lehren die Mohamedaner ihre Erziehung beginnen. Als Grundlage in der Religion befestigen sie ihre Jugend zunächst in der Überzeugung, daß dem Menschen nichts begegnen könne, als was ihm von einer alles leitenden Gottheit längst bestimmt worden; und somit sind sie denn für ihr ganzes Leben ausgerüstet und beruhigt und bedürfen kaum eines Weiteren.«
>
> »Ich will nicht untersuchen, was an dieser Lehre Wahres oder Falsches, Nützliches oder Schädliches sein mag; aber im Grunde liegt von diesem Glauben doch etwas in uns Allen, auch ohne daß es uns gelehrt worden. Die Kugel, auf der mein Name nicht geschrieben steht, wird mich nicht treffen, sagt der Soldat in der Schlacht, und wie sollte er ohne diese Zuversicht in den dringendsten Gefahren Mut und Heiterkeit behalten! Die Lehre des christlichen Glaubens: kein Sperling fällt vom Dache ohne den Willen eures Vaters, ist aus derselbigen Quelle hervorgegangen, und deutet auf eine Vorsehung, die das Kleinste im Auge hält und ohne deren Willen und Zulassen nichts geschehen kann.«

Ja, Goethe hat diesen Immunschutz sogar erweitert, um die Dimension der »völligen Beruhigung« des Geistes. Denn »ihren Unterricht in der Philosophie beginnen die Mohammedaner mit der Lehre: daß nichts existiere, wovon sich nicht das Gegenteil sagen lasse; und so üben sie den Geist der Jugend, indem sie ihre Aufgaben darin bestehen lassen, von jeder aufgestellten Behauptung die entgegengesetzte Meinung zu finden und auszusprechen, woraus eine große Gewandtheit im Denken und Reden hervorgehen muß.« Um hinzuzufügen: »Nun aber, nachdem von jedem aufgestellten Satze das Gegenteil behauptet worden, entsteht der *Zweifel*, welches denn von Beiden das eigentlich Wahre sei. Im Zweifel aber ist kein Verharren, sondern er treibt den Geist zu näherer Untersuchung und *Prüfung*, woraus denn, wenn diese auf eine vollkommene Weise geschieht, die *Gewißheit* hervorgeht, welches das Ziel ist, worin der Mensch seine völlige Beruhigung findet.« (*Gespräch mit Eckermann*, 1. Teil, 11.4.1827)

Auf ein anderes Heilmittel zur »völligen Beruhigung« des Menschen hat Goethe dann in einem Religionsgespräch ganz anderer Art hingewiesen. Es ist ein Hinweis, der allerdings quer steht zu allen phobokratischen, also furchteinflößenden Konstrukten des Kirchen-Christentums: die Erbsünde, die Verdammnis und die Erlösung. Im Gegensatz zu der hieraus entspringenden lebensfeindlichen Furcht hat Goethe offenbar die Evangelien anders gelesen und als heilkräftig »erquickend« empfunden. Im *West-östlichen Divan*, im Religionsgespräch mit Hafis, bekennt er jedenfalls freimütig mit Blick auf des »Herren Bildniß«, dass es ihn »in stiller Brust erquickte, / Trotz Verneinung, Hindrung, Raubens, / Mit dem heitren Bild des Glaubens« (*Buch Hafis, Beyname*). Das heißt, Goethe hat die Worte Christi offenbar verstanden als ein Evangelium der Furchtlosigkeit. Und dies im Sinne einer »in stiller Brust« erquickenden Natur- und Weltfrömmigkeit – wie zum Beispiel in Evangelien-Worten wie: »Seht die Vögel unter dem Himmel an: Sie säen nicht, sie ernten nicht, sie sammeln nicht in die Scheunen; und euer himmlischer Vater ernährt sie doch« (Matthäus 6,26). Oder: »Denn sehet, das Reich Gottes ist mitten unter euch.« (Lukas 17,21)

Nicht zufällig ist es daher die Sorge, die Faust mit Blindheit schlägt (vgl. Vers 11497 f.) für die »ewige Zier« (Vers 11297), die Lynceus der Türmer rühmt. Sie lässt ihn mit Verwünschungen mutieren zum ersten Patienten im »großen Hospital« der Moderne. Es ist das moderne »große Hospital« der Angststörungen bis hin zu Panikattacken mit Erstickungsgefühlen, in denen sich der Betroffene schließlich nicht mehr aus dem Haus wagt, mit gravierenden Folgen für das Sozialverhalten.

Goethes Sorge aber kennt noch ganz andere Symptome dieses modernen »Hospitals«. Sie versteht sich selbst als das gespenstische Zentrum dieses »Hospitals«. Kann sie doch von sich selbst behaupten »Würde mich kein Ohr vernehmen / Müßt es doch im Herzen dröhnen« (Vers 11424 f.). Ihre allgegenwärtige Allmacht über den Menschen ist ihr bewusst: »In verwandelter Gestalt / Üb' ich grimmige Gewalt. / Auf den Pfaden, auf der Welle, / Ewig ängstlicher Geselle, / Stets gefunden nie gesucht, / So geschmeichelt wie verflucht.« (Vers 11426–11431)

Vor allem kennt sie die »Finsternisse« in den Psychogrammen ihrer Patienten: »Wen ich einmal mir besitze / Dem ist alle Welt nichts nütze, / Ewiges Düstre steigt herunter, / Sonne geht nicht auf noch unter, / Bei vollkommnen äußern Sinnen / Wohnen Finsternisse drinnen. / Und er weiß von allen Schätzen / Sich nicht in Besitz zu setzen. / Glück und Unglück wird zur Grille, / Er verhungert in der Fülle, / Sei es Wonne, sei es Plage / Schiebt ers zu dem andern Tage, / Ist der Zukunft nur gewärtig / Und so wird er niemals fertig.« (Vers 11453–11466)

Die etymologische Herkunft der Angst triumphiert hier auf erschreckende Weise: Es herrscht »Angustia« in der Bedeutung von »Enge«. Das Bewusstsein hat sich krankhaft verengt. Es kennt nur noch die Zukunft im Zeichen schuldhafter Versäumnisse gegenüber der Gegenwart. Schlimmer noch: Es weiß sich nicht, in »Besitz« zu setzen. Denn der akkumulierte Reichtum, der moderne Wohlstand »wird zur Grille«. Das Opfer der Sorge »verhungert in der Fülle«. Um auf diese Weise der Sorge zum endgültigen Triumph zu verhelfen: Die Einweisung in das

»Hospital« der Hölle: »Soll er gehen, soll er kommen, / Der Entschluß ist ihm genommen; / Auf gebahnten Weges Mitte / Wankt er tastend halbe Schritte. / Er verliert sich immer tiefer, / Siehet alle Dinge schiefer, / Sich und andre lästig drückend, / Atem holend und erstickend; / Nicht erstickt und ohne Leben, / Nicht verzweiflend, nicht ergeben. / So ein unaufhaltsam Rollen / Schmerzlich Lassen, widrig Sollen, / Bald befreien, bald erdrücken, / Halber Schlaf und schlecht Erquicken / Heftet ihn an seine Stelle / Und bereitet ihn zur Hölle.« (Vers 11471–11486)

Die »Hölle« also als Endstation einer »geistigen Immunschwäche«, deren tragische Folgen Faust selbst erkennt als Behandelt-Werden von unseligen Gespenstern, die gleichgültige Tage selbst verwandeln in »garstigen Wirrwarr netzumstrickter Qualen«. Um sie schließlich als gespenstische Herrscher einer illusionslosen Zukunft anzuerkennen. Er nennt sie »Dämonen«, die man »schwerlich los« wird (vgl. Vers 11487–11491). Goethe hat sie erkannt, diese Dämonen im »großen Hospital« der Moderne: Es sind die Dämonen einer Untüchtigkeit, der es nicht gelingt, die »Kräfte des Guten« (*Symbolum*) zu üben. Und die den Untüchtigen permanent schwanken lassen zwischen »Versäumnis« und »Übereilung« – den beiden Abgründen des »schweren Geheimnisses« unserer Krankheit. Das Ergebnis ist eine Immunschwäche, die von der Sorge beschrieben wird mit den Worten: »Halber Schlaf und schlecht Erquicken«, »Bald befreien, bald erdrücken«, »Atem holend und erstickend« – als die drei großen »Hospitalitis-Syndrome« der modernen, von Krisen verfolgten Sorge- und Risiko-Gesellschaft.

Wie hat Goethe dieser von »Dämonen« diktierten Immunschwäche widerstanden? Er ist ihnen früh und resolut begegnet in Gestalt eines übenden Lebens, das er vor allem verstanden hat als Praxis der Ermutigung. Denn Mut (und Bescheidenheit) hat er als die großen, »unzweideutigsten Tugenden« betrachtet

(*Wanderjahre*, III, *Aus Markariens Archiv*, 137). Sogar »in den edelsten Künsten ist es von der größten Wichtigkeit, wenn man sie überwinden und beherrschen will, daß man Mut fasse« (*Benvenuto Cellini*, Anhang XVI). So hat Goethe sich selbst immer wieder neu ermutigt. Bereits im Alter von 14 Jahren gab es hierzu Gelegenheit, als er eine depressive Phase durchlitt, mit anhaltender gedrückter Stimmung, gepaart mit Interessen- und Antriebsverlust, begleitet von Schlafstörungen, Appetitlosigkeit, Gefühlen der Schuld oder Wertlosigkeit – bis hin zu Suizidgedanken.

Es folgten weitere Schwäche-Phasen während der Leipziger Studienzeit, die er in *Dichtung und Wahrheit* beschreibt: »Ich empfand nun keine Zufriedenheit, als im Wiederkäuen meines Elends und in der tausendfachen imaginären Vervielfältigung desselben. Meine ganze Erfindungsgabe, meine Poesie und Rhetorik hatten sich auf diesen kranken Fleck geworfen, und drohten, gerade durch diese Lebensgewalt, Leib und Seele in eine unheilbare Krankheit zu verwickeln. In diesem traurigen Zustande kam mir nichts mehr wünschenswert, nichts begehrenswert mehr vor.« (*Dichtung und Wahrheit*, I, 5) Es waren Phasen, in denen sich offenbar Ähnliches ereignete wie im Schlussakt der *Faust*-Tragödie: Im Zeichen der Sorge-Erblindung scheint ihm, die Nacht »tiefer tief hineinzudringen« (Vers 11499). Eine eigene Dunkelheit beschreibt Goethe gegenüber der Schwester: »Oft werde ich zum Melancholiker. Ich weiß nicht, woher es kommt. Dann sehe ich jeden mit starrer Miene wie eine Eule an. […] und dann überfällt eine Dunkelheit meine Seele, eine Dunkelheit, so undurchdringlich wie Oktobernebel« (*Brief an die Schwester Cornelia*, 11. Mai 1766; im Original auf Englisch, Übersetzung nach FA 28, 603).

Es waren ausgeprägte Angststörungen, denen Goethe mit Ermutigungsübungen entgegentritt. Das heißt, er überlässt es nicht dem Nachdenken über krankhafte Störungen im inneren

»Hospital« der eigenen Befindlichkeit. Seinen Phobien begegnet Goethe stattdessen als ein Handelnder, der jener Einsicht folgt, die er als Maxime festgehalten hat: »Wenn der Mensch über sein Physisches oder Moralisches nachdenkt findet er sich gewöhnlich krank.« (*Sprüche in Prosa*, FA 13, 13) Es ist zunächst die Phobie der Höhenangst, der Goethe sich stellte. Und zwar am Geländer des damals höchsten Bauwerks der Menschheit: den 142 Meter hohen Turm des Straßburger Münsters hat er 1770/71 wiederholt bestiegen. Aber auch anderen Angststörungen sagte er den Kampf an. Traute er sich doch nach Einbruch der Dunkelheit nicht mehr an verlassene Orte und mied ängstlich Lärm und Verschmutzungen. Idiosynkrasien und phobische Reize, deren Symptome es zu kurieren galt. So stellte sich Goethe beim Zapfenstreich denn auch bewusst neben den Trommler, besuchte Entbindungsanstalten und unternahm regelmäßig nächtliche Spaziergänge auf Friedhöfen.

Eine Ermutigungs-Therapie im eigenen Hospital der Angststörungen, deren Ergebnis Goethe in *Dichtung und Wahrheit* bilanziert: »Dergleichen Angst und Qual wiederholte ich so oft, bis der Eindruck mir ganz gleichgültig ward […]. Ich habe es auch wirklich darin so weit gebracht, daß nichts dergleichen mich jemals aus der Fassung setzen konnte.« (*Dichtung und Wahrheit*, II, 9)

Hat sich Goethe daher sogar bis an die Grenze des Tollkühnen vorgewagt? Hat er den Satz Klärchens real erprobt: »doch hab ich was euch allen eben fehlt Mut und Verachtung der Gefahr.« (*Egmont*, 5. Aufzug, *Straße*)

Adolf Muschg ist dieser Frage in seiner Erzählung (*Der weisse Freitag*) zur zweiten Schweizer Reise Goethes (1779) nachgegangen. Mit dem Ergebnis: Das Risiko der von Goethe (gemeinsam mit seinem Dienstherrn Herzog Carl August) gewagten neunstündigen Fußwanderung über den mehr als 2400 Meter hohen Furkapass durch tiefen Neuschnee war ein un-

berechenbar gefährliches Wagnis. Denn Goethe hatte alle Warnungen in den Wind geschlagen. Und dies ohne jede Rücksicht
auf seinen acht Jahre jüngeren und mit alpinen Gelände-
gängen unvertrauten Landesfürsten. Ein Abenteuer letztlich
auf Leben und Tod, das Muschg deutet als eine von Goethe
bewusst geplante Prüfung des Lebens. Denn erst diese Tour
über dem Abgrund mit seinem Weimarer Schutzherrn habe für
Goethe diesen Männerbund auf Gedeih und Verderb besiegelt.
Jedenfalls war es der Beweis einer Mut-Prüfung, in der Goethe
auf eigene Weise Schillers bekannte Forderung in Wallensteins
Lager einlöste: »Und setzet ihr nicht das Leben ein, / Nie wird
euch das Leben gewonnen sein.« (*Wallensteins Lager*, 11. Auf-
tritt)

Immerhin hat sich Goethe 1792 erneut einer ähnlichen Mut-
probe gestellt. Während der »Kanonade von Valmy« wagte er
es, sich dem »Kanonenfieber« auszusetzen: »Ich hatte soviel
vom Kanonenfieber gehört und wünschte zu wissen, wie es
eigentlich damit beschaffen sei. […] Ich war […] in die Region
gelangt wo die Kugeln herüber spielten […]. Unter diesen Um-
ständen konnt' ich jedoch bald bemerken daß etwas Unge-
wöhnliches in mir vorgehe […]. Es schien als wäre man an
einem sehr heißen Orte, und zugleich von derselben Hitze völlig
durchdrungen […]. Mir schien […] alles in jener Glut ver-
schlungen zu sein.« (*Die Campagne in Frankreich*, 19. September)

Fontane, Malraux, Hemingway und Ernst Jünger haben
ähnliche Erfahrungen beschrieben. Goethes »Kanonenfieber«-
Erfahrung jedenfalls könnte verstanden werden als Beweis
eines abenteuerlichen Herzens, dessen Selbstversuch daran
erinnert, dass der Preis furchtloser Grenzerfahrungen der Tod
sein kann.

Sichtbar wird hinter Goethes Ermutigungs-Übungen der
Umriss einer unverändert aktuellen Strategie. Sie beginnt mit
der Einsicht in elementare Prinzipien der Immunstärkung:

durch Selbstdisziplinierung mithilfe einer an den Tagesrhythmus angepassten Alltagsroutine. Es ist jene alte Empfehlung des Plinius, die auch Schiller beherzigt und Goethe mitgeteilt hat: »Aber vorwärts ging es doch bis jetzt immer, und nulla dies sine linea« (*Brief an Goethe*, 18.6.1799). Goethe folgt dieser Maxime, indem er für sich selbst feste Zeiten bestimmt für die Arbeit, die Mahlzeiten und den geselligen Verkehr mit den Mitmenschen. Und immer wieder folgt er mit ausgiebigen Spaziergängen dem Rat seines Arztes Hufeland, Bewegung sei die beste Arznei. Ein Rat, den Goethe schließlich als Gesetz der großen Vernunft der Natur erkennt, dem der Mensch unterworfen ist: »Im Reich der Natur waltet Bewegung und Tat« (*Sprüche in Prosa*, FA 13, 351).

Womit Goethe inzwischen gewonnene biomedizinische Erkenntnisse der Evolutions-Forschung antizipiert, die 1994 von Randolph M. Nesse und George C. Williams publiziert wurden. Mit dem verstörenden Ergebnis: Der Beschleunigung der Produktion antwortet seit der industriellen Revolution eine Beschleunigung der Konsum-Exzesse, mit denen zum ersten Mal in der Geschichte der Menschheit die Ernährung von der Bewegung abgekoppelt wird. Eine extremistische Tendenz im »großen Hospital« der Moderne, auf die Goethe bereits (im Briefentwurf an seinen Großneffen Nicolovius in Berlin) hinweist mit den Worten: »Für das größte Unheil unserer Zeit, die nichts reif werden läßt, muß ich halten daß man im nächsten Augenblick den vorhergehenden verspeist« (*Briefentwurf an H. G. L. Nicolovius*, vermutlich Ende November 1825).

Nicht zuletzt hat sich Goethes Strategie der Selbstdisziplinierung auch als besonders wirkmächtig erwiesen als Immun-Stärkung der eigenen Kreativität. Und zwar im Sinne einer Domestikation extremistischer Emotionen mithilfe schöpferischen Tätig-Werdens. Mit der Niederschrift des *Werther* gelingt es ihm früh, eine gefährdende depressive Phase schreibend zu überwinden. Das heißt, Goethe kann durchaus verstanden werden als der Entdecker einer kreativen Schreibtherapie.

Im Rückblick auf Goethes Leben hat der Philologe und Schriftsteller Friedrich Wilhelm Riemer versucht, Goethes Biografie zu deuten als ein exemplarisches Leben der »Tüchtigkeit« im Goetheschen Sinne. Nämlich als Beispiel eines übenden Lebens, als Widerstand gegen die Gefahren »leiblicher«, »geistiger« und psychischer Immunschwächungen des Lebens. Mit Goethes eigenem Fazit: »›Wohl kamst du durch; so ging es allenfalls.‹ / Mach's einer nach und breche nicht den Hals.« (*Zahme Xenien VI*, FA 2, 719)

In seinen »Mitteilungen über Goethe« deutet Riemer sie an, diese Gefährdungen Goethes als Möglichkeit, sich den »Hals zu brechen«. Riemer kannte Goethe wie kaum ein anderer: Als Lehrer von Goethes Sohn und engster, im Haus am Frauenplan lebender Mitarbeiter in allen literarischen und philologischen Fragen. Seine Einsichten zur »Constitution« Goethes seien daher auszugsweise in Erinnerung gerufen (*Mitteilungen über Goethe*, 1. Bd., S. 55–60):

Obgleich von starkem und kräftigem Knochenbau wie auch fleischiger Muskulatur war Goethes Organisation doch übrigens sehr zart und reizbar. Er blieb daher physischen Einflüssen der Witterung und Temperatur […] leicht ausgesetzt und schnell unterworfen. […] Klima und Jahreszeit übten einen gewissen regelmäßigen Einfluß auf sein körperliches und geistiges Befinden, und er nannte sich selbst ein bestimmtes Barometer. Der meist rauhen, mit Wind und Regen abwechselnd unfreundlichen Thüringischen Atmosphäre mußte er in den ersten Jahren seiner Anwesenheit in Weimar den gewöhnlichen Tribut der Fremden zollen. Zahnreißen und andere rheumatische Übel befielen ihn; und das Ende des Jahres oder die Abnahme der Tage war, wenn nicht immer mit körperlichen Unpäßlichkeiten, doch meist von einer Niedergedrücktheit des Geistes begleitet.

Aber nicht bloß leicht vorübergehende körperliche Leiden hatte er zu bestehen, auch schwere und gefährliche Krankheiten [...]. Zu diesen psychischen Leiden, die ein langes Leben hindurch ihn treffen und prüfen sollten, gehören alle die Trauerfälle, die ihn näher oder entfernter berührend nie ohne Teilnahme, Mitgefühl, moralischer oder physischer Einwirkung blieben, und wenn nicht gerade in eine förmliche Krankheit, doch in körperliche Indisposition ausliefen, die nur durch eine schnell, ja hastig ergriffene Tätigkeit zu überwinden und zu beseitigen war. [...] Solchen wiederholten Schlägen des Schicksals, die ihn geistig und körperlich meistens zugleich trafen, konnte nur eine so von Grund aus tüchtige Natur und Constitution so lange widerstehen. [...] So wußte er das Uhrwerk seiner Lebenstriebe, auch bei etwas retardiertem Zeiger, in Ordnung zu erhalten, um in solchen Leidensfällen nur noch zu existieren.

4. Kapitel
»Nur durch Mäßigung erhalten wir uns«

»Die Ohnmacht des Menschen in Mäßigung
[…] nenne ich Knechtschaft.«

(Spinoza)

Über Schopenhauer hat Peter Sloterdijk bemerkt, er habe »von Verzicht gesprochen – Verzicht ist für die Modernen das schwierigste Wort der Welt«. Schopenhauer habe es »gegen die Brandung gerufen. Nach ihm sind die Fragen des Ethischen radikaler als je offen« (*Philosophische Temperamente*, S. 95).

Goethe hatte bereits vor Schopenhauer in ähnlicher Sache gegen die Brandung gerufen. Schon früh, 1769, hatte er Friederike Oeser offenbart: »und ich habe das Capitel von Genügsamkeit, Geduld, und was übrigens für Materien ins Buch des Schicksaals gehören, wohl und gründlich studiert, binn auch dabey etwas klüger geworden« (*Brief an Friederike Oeser*, 12.2. 1769). Eine Einsicht, die sich als der leise und konsequent fortklingende Generalbass seines Lebens erweisen wird. Wobei die Genügsamkeit, die er im *West-östlichen Divan* allen Guten zuerkennt – »Alle Guten sind genügsam« (*Buch des Paradieses, Anklang*) –, bei ihm immer wieder auch im Gewand der »Mäßigung« und »Mäßigkeit« erscheinen wird.

Goethe war offenbar davon überzeugt, dass die Mäßigung vermutlich »das schwierigste Wort« bleibt – auch in eigener Sache. Und dass es schon deshalb notwendig sei, dass die »muntersten wie die ernstesten Werke« den gleichen Zweck haben, »durch eine glückliche geistreiche Darstellung so Lust als Schmerz zu mäßigen« (*Dichtung und Wahrheit*, III, 13).

Und das »ernsteste Werk«, dem es durch »geistreiche Darstellung« gelungen ist, Goethe von der Notwendigkeit der »Mäßigung« zu überzeugen, war erneut die *Ethik* des Spinoza. Wenn Spinoza ihn bereits – wie gezeigt – ermutigt hatte, allen Phobien zum Trotz »Frisch ins Blaue« zu leben, so war es Spinoza, der als Rettung aus dem »großen Hospital« maßloser Leidenschaften den sicheren Weg der Immunität gegen die Affekte zeigte. Bereits für den jungen Goethe wurde Spinoza hierbei zum Musterbild des salomonischen Weisen, der im Denken und Handeln dem Ideal der Mäßigung verpflichtet war. Goethe hat ihm daher in diesem Sinne den denkbar höchsten Titel verliehen: »homo temperantissimus«. Das heißt, Spinoza wurde für ihn zur Inkarnation der Kardinaltugend der Temperantia. Goethe hat der Temperantia sogar den Rang einer Haupterbin seines geistigen Vermächtnisses zugewiesen. In seinem großen Gedicht *Vermächtnis* von 1829 wird sie gleichsam zur Sachwalterin auch der höchsten Goetheschen Glücksvorstellung: der Ewigkeit des Augenblicks. Denn alle Kardinaltugenden eines glücklichen Daseins sind hier verschränkt mit der Temperantia: »Genieße mäßig Füll' und Segen, / Vernunft sei überall zugegen / Wo Leben sich des Lebens freut. / Dann ist Vergangenheit beständig, / Das Künftige voraus lebendig, / Der Augenblick ist Ewigkeit.«

Goethe hat im Abweichen von der Temperantia denn auch folgerichtig den Ursprung allen Unglücks im »großen Hospital« der Welt erblickt. Ja, er hat dieses Abweichen von der Temperantia sogar als das eigentliche Unglück der Französischen Revolution verstanden: »Vor der Revolution war alles Bestreben / Nachher ist alles Forderung.« Und in der Gestalt des alles fordernden Faust hat er schließlich die Inkarnation der Temperantia-Vergessenheit der Moderne geschaffen. Steht und fällt der Held dieser Tragödie doch mit der Temperantia-Verfluchung: »Und Fluch vor allen der Geduld!« (Vers 1606)

Als das kammermusikalische Gegenbild dieses »großen Hospitals« im Namen der Temperantia-Verneinungen erscheint in den *Wahlverwandtschaften* die Gestalt der Ottilie.

Goethe hat im Sinne Spinozas die Temperantia schließlich erkannt als jene Tugend, die nicht nur alle Extreme, sondern auch alle anderen Tugenden zu mäßigen vermag. Denn jede Tugend, in ihr Extrem umgesetzt, wird selbst zur Untugend. Nicht zufällig hatte daher schon Hildegard von Bingen der Temperantia den Ehrentitel der »Mutter aller Tugenden« verliehen. Und wenn Platon diese Kardinaltugend als »Sophrosyne« bezeichnet, so ist damit jene »ordnende Verständigkeit« gemeint, mit der es dem Menschen gelingt, mithilfe einer Erziehung zur Selbst-Erziehung das ihm Gemäße zu tun. Goethe hat Spinozas Affektenlehre (als Teil der *Ethica*) in diesem Sinne denn auch verstanden als verlässlichen Weg zur Steigerung und Förderung des Lebens. Und zwar mithilfe einer Stärkung des Immunsystems durch Selbstbeherrschung. Die Tugend des Maßhaltens erweist sich damit als Quellgrund Goethescher Lebensklugheit, der es gelingt, die Affekte und Leidenschaften der großen Vernunft der Natur unterzuordnen. Nur auf diese Weise kann der Mensch vor der Selbstzerstörung im Zeichen der Maßlosigkeit bewahrt werden.

Es ist diese therapeutische Dimension der *Ethica* Spinozas, die sich für Goethe als wirkmächtiges »Beruhigungsmittel meiner Leidenschaften« erweisen sollte: »Nachdem ich mich nämlich in aller Welt um ein Bildungsmittel meines wunderlichen Wesens vergebens umgesehn hatte, geriet ich endlich an die *Ethik* dieses Mannes. Was ich mir aus dem Werke mag herausgelesen, was ich in dasselbe mag hineingelesen haben, davon wüßte ich keine Rechenschaft zu geben, genug, ich fand hier eine Beruhigung meiner Leidenschaften, es schien sich mir eine große und freie Aussicht über die sinnliche und sittliche Welt aufzutun.« (*Dichtung und Wahrheit*, III, 14)

Wobei Goethe bei der »Beruhigung meiner Leidenschaften« durchaus »frei, grandios, imposant« verfuhr. Eine Methode, die er 1819 gegenüber Kanzler von Müller als eine generell zu beherzigende Therapie-Möglichkeit erläutert mit den Worten »man müsse das Extrem auch extrem behandeln, frei, grandios, imposant« (*Gespräch mit F. v. Müller*, 16.6.1819).

Und es ist denn auch diese extreme Behandlung des als »extrem« Erkannten, die Goethe zum »leidenschaftlichen Schüler, zu seinem [Spinozas] entschiedensten Verehrer« werden ließ. Und zwar in dem Sinne, wie er es in *Dichtung und Wahrheit* begründet. Denn das »Extrem«, das Goethe durch Spinoza zu bändigen lernte, war Goethes eigenes »alles aufregende Streben«, das für ihn entschieden »kontrastierte« zum Extrem der »alles ausgleichenden Ruhe Spinozas« (*Dichtung und Wahrheit*, III, 14). Und es war offenbar dieser tief empfundene Kontrast, der Goethe Spinozas »Geist« empfinden ließ als »viel tiefer und reiner [...] als der meinige« (*Brief an Knebel*, 11.11.1784). Goethe hat Spinoza in diesem Sinne geantwortet mit jener Tiefe und Reinheit der Empfindung, mit der es ihm gelungen ist, bis zum Lebensende Spinozas Temperantia-Lehre umzusetzen in ein übendes Leben der Mäßigung – zur Stärkung der Immunität des Lebens.

Eine »therapeutische Dimension«, die 2008 auch Ursula Renz als ein wesentliches Merkmal der *Ethica* bestätigt hat. Mit dem Ergebnis bei Goethe, dass er die therapeutische Wirkung der Mäßigung unmittelbar während der Lektüre der *Ethica* empfunden hat. Und zwar während der gemeinsamen Lektüre der *Ethica* mit Frau von Stein. Er hat hierbei Organe ausgebildet für die heilende Wirkung der Mäßigung. Und er hat diese gemeinsame Lektüre denn auch verstanden als ein Geschenk der Freundschaft und der Liebe. Ein Geschenk, das er in einem poetischen Bekenntnis festgehalten hat, das zugleich als Dank an Spinoza aufgefasst werden kann. Denn seine Temperantia-

Tugend ist allgegenwärtig in diesem Gedicht: »Tropftest Mäßigung dem heißen Blute, / Richtetest den wilden irren Lauf, / Und in deinen Engelsarmen ruhte / Die zerstörte Brust sich wieder auf.« (*Warum gabst du uns die tiefen Blicke*)

Goethe hat die »Mäßigung« des »heißen Blutes« vor allem verstanden im Sinne jenes philosophischen Begriffs, der im Zentrum von Spinozas Affektenlehre steht: »Conatus« (vom Verb »conari«) als Synonym für »Anstrengung«, »Bemühung«, »Streben«. Und dies im Sinne einer inneren natürlichen Neigung des Menschen nach Selbsterhaltung und Steigerung des Lebens. Wobei diese natürliche Neigung verstanden werden kann als ein pantheistisches Streben. Ein Streben, das in Einklang steht mit der von Spinoza postulierten Einheit von Gott und Natur (»deus sive natura«). Goethe hat diese Einheit von Gott und Natur denn auch als Quelle seiner Naturfrömmigkeit erläutert: Spinoza beweise »nicht das Daseyn Gottes, das Daseyn ist Gott. Und wenn ihn [Spinoza] deshalb Atheum schelten, so mögte ich ihn theissimum ia christianissimum nennen und preisen« (*Brief an F. H. Jacobi*, 9.6.1785).

Und da die Natur Gott ist, ergibt sich aus der Affektenlehre Spinozas für Goethe auch die Verpflichtung des Menschen, diese Natur gegenüber allen gefährdenden Affekten durch Selbstdomestikation zu schützen. Denn, wie an anderer Stelle bereits zitiert, sieht Goethe als das Kernproblem: »Unsrer Krankheit schwer Geheimnis / Schwankt zwischen Übereilung / Und zwischen Versäumnis.« (*Sprichwörtlich*) Mit der in den *Lehrjahren* erläuterten Folge: »das Geschöpf, das falsch lebt, wird früh zerstört. Unfruchtbarkeit, kümmerliches Dasein, frühzeitiges Zerfallen, das sind ihre Flüche, die Kennzeichen ihrer Strenge. Nur durch unmittelbare Folgen straft sie« (*Lehrjahre*, VIII, 9). Um dann hieraus zu folgern: »Mäßigkeit ruft sie [die Natur], wahr sind alle ihre Verhältnisse«. Das heißt, auch für unsere Krankheit gilt diese Wahrheit der Natur. Ihr Fluch ruht auf jeder Art von »Versäumnis« und »Übereilung«. Das heißt, auf »bequemen Müßiggang so gut, als überstrengte Arbeit, auf Willkür und Überfluß [...] sieht sie mit traurigen Augen nieder« (*Lehrjahre*, VIII, 9).

Was Goethe hier festhält, ist die Einsicht in eine strenge Wahrheit der Natur, die sich im Menschen selbst manifestiert als die eine große Vernunft des Leibes, die alle Tendenzen von »Übereilung« oder »Versäumnis« bestraft, also zu einem rechten Maß auffordert. Auch Goethes Wilhelm Meister nähert sich ahnungsvoll diesem rechten Maß, dessen Befolgung er schließlich als ein Gebot des Gemeinwohls erkennt. Er folgt diesem Gebot, indem er sich für den Beruf des Wundarztes entscheidet. Das heißt, Wilhelm gelingt die Selbstheilung (von seinen Theaterambitionen) im Wandel vom Eigensinn zum Gemeinsinn. Ein Weg, an dessen Ende die unversalistische Therapie-Empfehlung der *Wanderjahre* steht »nur durch Mäßigung erhalten wir uns« (*Wanderjahre*, I, 7). Es ist ein Erhalten des Lebens, das Goethe präzisiert als »Notwendigkeit«. Nämlich im Sinne der unmittelbaren Evidenz, dass nur durch »Mäßigung« die Immunität des Lebens gesichert werden kann: »Mäßigung im Willkürlichen, Emsigkeit im Notwendigen.« (*Wanderjahre*, III, 11) Eine Einsicht, die Goethe in *Dichtung und Wahrheit* umfassend erweitert: »Unser physisches sowohl als geselliges Leben, Sitten, Gewohnheiten, Weltklugheit, Philosophie, Religion, ja so manches zufällige Ereignis, alles ruft uns zu daß wir *entsagen* sollen« (*Dichtung und Wahrheit*, IV, 16). Und einmal hat Goethe die Temperantia sogar im Sinne einer Neuro-Therapie definiert zur Stabilisierung der geistigen Gesundheit: »[...] es ist aber doch immer besser ein für allemal zu entsagen, als immer einmal über den andern Tag rasend zu werden.« (*Brief an Johann Heinrich Meyer*, 28.4.1797)

Um die Temperantia schließlich am Ende der *Faust*-Tragödie noch einmal metaphorisch und ironisch zu spiegeln. Es ist dort Mephisto selbst, der zum Knecht seiner Affekte wird. Er lässt sich in eine homoerotische Affäre mit den Engeln ein – sogar mit Symptomen einer Geschlechtskrankheit. Und er muss erkennen: »Es klemmt wie Pech und Schwefel mir im Nacken.« (Vers 11744) – Es sind die Engel, die hier als Repräsentanten der Temperantia den Weg kennen, der aus dem »großen Hospital« selbstzerstörerischer Affekte führt. Die Engel kennen nämlich den Königsweg, der zur Einsicht führt in das, was dem Menschen »gemäß« ist. Und sie wissen, dass der Weg zur Identitätsfindung nicht ohne »Mäßigung« gelingen kann: »Was euch nicht angehört / Müsset ihr meiden, / Was euch das Innre stört / Dürft ihr nicht leiden. / Dringt es gewaltig ein / Müssen wir tüchtig sein.« (Vers 11745–11750)

Gemeint ist ein Tüchtig-Sein, das die Temperantia sogar als die verlässliche Sicherung des Glücks verspricht. Und zwar so, wie es die Hofmeisterin in *Die natürliche Tochter* statuiert: »Aus Mäßigkeit entspringt ein reines Glück.« (Vers 1076) Oder wie es in den *Wanderjahren* empfohlen wird: »Der verständige Mann braucht sich nur zu mäßigen, so ist er auch glücklich.« (*Wanderjahre*, II, 4) Wobei Ottilie in den *Wahlverwandtschaften* (I, 17) ganz offensichtlich besonders beim männlichen Geschlecht Defizite in Fragen der Mäßigung erkennt:

Da Sie von Mäßigung sprechen, liebe Tante, versetzte Ottilie, so kann ich nicht bergen, daß mir dabei die Unmäßigkeit der Männer, besonders was den Wein betrifft, einfällt. Wie oft hat es mich betrübt und geängstigt, wenn ich bemerken mußte, daß reiner Verstand, Klugheit, Schonung anderer, Anmut und Liebenswürdigkeit, selbst für mehrere Stunden, verloren gingen, und oft statt alles des Guten was ein trefflicher Mann hervorzubringen und zu gewähren vermag, Unheil und Verwirrung hereinzubrechen drohte. Wie oft mögen dadurch gewaltsame Entschließungen veranlaßt werden.

55

5. Kapitel
Gesundheit ex oriente

Gegenüber Eckermann hatte Goethe 1829 das »Schwache« als »Charakterzug unsers Jahrhunderts« diagnostiziert (*Gespräch mit Eckermann*, 2. Teil, 12.2.1829). Ein Charakterzug, den er ein Jahr später gegenüber dem Fürstenerzieher Soret als allgemeine geistige Immunschwäche präzisiert: »Daß die Welt genügend mit schwachen Köpfen und kleinen Geistern versehen ist«. Mit dem für Goethes Begriff der Welt als »großes Hospital« aufschlussreichen Zusatz, er »brauche sie nicht in den Hospitälern zu suchen.« (*Gespräch mit Soret*, 17.3.1830) Weshalb denn Goethe im *West-östlichen Divan* auch die orientalische Schicksalsgläubigkeit als heilsam verjüngende Ermutigung und Einladung zur Genesung empfunden hatte: »Flüchte du, im reinen Osten / Patriarchenluft zu kosten, / Unter Lieben, Trinken, Singen, / Soll dich Chisers Quell verjüngen.« So lautet die Rekonvaleszenz-Verheißung gleich zu Beginn im *Buch des Sängers* als Begründung für die *Hegire*, die Lebens-erhaltende und -fördernde Flucht in den Orient. Um wenige Verse später, unter dem Titel *Dreistigkeit*, freimütig zu fragen: »Worauf kommt es überall an / Daß der Mensch gesundet?« Gesundung war für Goethe jedenfalls das eigentliche Ziel dieser geistigen Morgenland-Reise. Und er hat keinen Zweifel daran gelassen, wie dieser Gesundungs-Prozess im Zeichen der immunitären Stärkung des Lebens gelingen könnte: »Alles weg! was deinen Lauf stört! / Nur kein düster Streben! / Eh er singt und eh er aufhört / Muß der Dichter leben.« (*Dreistigkeit*)

Den fernöstlichen Weg in die Gesundung hatte Goethe schon 1813 gegenüber dem Ur-Freund Knebel angedeutet. Kurz vor der Völkerschlacht bei Leipzig hatte er sich mit Sinologischem beschäftigt, um sich nun »eigensinnig auf das Entfernteste« (*Tag- und Jahreshefte 1813*, FA 17, 216) zu werfen. Denn: »Sich in einem ganz neuen Zustande auch nur in Gedanken zu befinden ist sehr heilsam.« (*Brief an Knebel*, 10.11. 1813) Mit dem Ergebnis, dass er sich dieses »wichtige Land [China] gleichsam aufgehoben und abgesondert« habe, um sich »im Fall der Not [...] dahin zu flüchten.« (ebd.)

Doch erst jetzt, im Januar 1827 offenbart Goethe, warum er dieses wichtige Land für sich »gleichsam aufgehoben« hat. Eckermann ist bei »Goethe zu Tisch« und hält dessen Bewunderung für einen chinesischen Roman fest: »man fühlt sich sehr bald als ihres Gleichen nur daß bei ihnen alles klarer, reinlicher und sittlicher zugeht [als bei den Europäern].« Um schließlich das Besondere dieses chinesischen Romans auf den Punkt zu bringen: »Aber eben durch diese strenge Mäßigung in allem hat sich denn auch das chinesische Reich seit Jahrtausenden erhalten und wird dadurch ferner bestehen.« Und er beendet das China-Gespräch mit einem Lob des erwähnten chinesischen Romans und einem relativierenden Blick auf Europa: Romane wie diesen hätten die Chinesen »zu Tausenden und hatten ihrer schon, als unsere Vorfahren noch in den Wäldern lebten.« (*Gespräch mit Eckermann*, 1. Teil, 31.1.1827)

Die »strenge Mäßigung«, die Goethe auch mit Spinoza verbunden hatte, hier in China war sie für Goethe also gegenwärtig als wirkmächtige Tugend. Als Bewahrerin nicht nur des Lebens, sondern sogar einer Gesellschaft und eines großen Reiches. Nicht erst durch den Sinologen Klaproth in Jena hatte sich Goethe über China unterrichten lassen. Schon in jungen Jahren war er der konfuzianischen Weisheit des Maßes und der Mitte begegnet. In den frühen Tagebuchaufzeichnungen, den »Ephemeriden«, sind zumindest sechs Titel konfuzianischer Texte aus dem Lateinischen notiert. Darunter auch die für die kaiserlichen Staatsprüfungen unverzichtbaren kanonischen Schriften.

Welche zentrale Bedeutung für Goethe das konfuzianische Denken in diesen kanonischen Schriften gewonnen hat, zeigte sich bereits 1781. Goethe trägt in sein Tagebuch einen der konfuzianischen Zentral-Begriffe ein: den Namen Wen Wang, mit dem Ausruf:»O Ouen Ouang!« (*Tagebuch*, 10.1.1781) Es ist bei Goethe allerdings ein Ausruf der Verzweiflung, denn er wusste, dass Konfuzius mit Wen Wang jenen Kaiser als Orientierung für seine Gesellschaftslehre statuiert hatte, der als idealer Vorbildherrscher sein Reich regierte, indem er seine Untertanen zur Tugend der Mäßigung erzog. Hat doch Goethe selbst versucht, auf ähnliche Weise diplomatisch seinen Herzog »konfuzianisch« zu erziehen – ein Fürstenerziehungs-Projekt, das dann im *Ilmenau*-Gedicht seine poetische Form gefunden hat.

Dort finden sich denn auch die gleichsam konfuzianischen Worte:»So mög o Fürst der Winkel deines Landes / Ein Vorbild deiner Tage sein! / Du kennest lang die Pflichten deines Standes / Und schränkest nach und nach die freie Seele ein. / Der kann sich manchen Wunsch gewähren, / Der kalt sich selbst und seinem Willen lebt / Allein wer andre wohl zu leiten strebt / Muß fähig sein viel zu entbehren.« (*Ilmenau*, Vers 179–186)

Da ist es wieder, das große Wort der »strengen Mäßigung«. Deren Varianten lauten im *Wilhelm Meister* Entsagen und Entbehren. Mit der verheißungsvollen Aussicht,»daß man nicht immer verliert, wenn man entbehrt« (*Lehrjahre*, VII, 3). Und so ist es deshalb auch Faust, der konsequent mit Verwünschungen jeder Mäßigung den Weg antritt in das »große Hospital« der Maßlosigkeit, der Entgrenzung, der Ungeduld. Das Psychogramm seines faustischen Opfers hat Mephisto denn auch ganz in diesem Sinne formuliert:»Ihm hat das Schicksal einen Geist gegeben, / Der ungebändigt immer vorwärts dringt, / Und dessen übereiltes Streben / Der Erde Freuden überspringt. / [...] / Und hätt' er sich auch nicht dem Teufel übergeben, / Er müßte doch zu Grunde gehn!« (Vers 1856–1867) Er geht zugrunde, obwohl Faust durchaus den Satz kennt: »Entbehren sollst du! sollst entbehren!« (Vers 1549), und Faust weiß sehr wohl auch, dass dies »der ewige Gesang« ist, »Der jedem an die Ohren klingt, / Den, unser ganzes Leben lang, / Uns heiser jede Stunde singt.« (Vers 1550–1553)

In der Tat gehört zu den in Goethes »Ephemeriden« nur summarisch genannten grundlegenden Werken des Konfuzianismus auch das *Buch von Mitte und Maß* von Pinyin Zhōng Yōng. Dort gibt es einen Abschnitt im *Buch der Riten*, in dem es heißt: »Sich zu keiner Seite hinneigen, heißt Mitte, kein Schwanken zulassen, heißt Maß. Mitte bezeichnet den rechten Weg, den alle unter dem Himmel gehen sollen, Maß bezeichnet das für alle unter dem Himmel gültige Prinzip [...]« (Konfuzius: *Das Buch von Maß und Mitte*, S. 126). Warum aber werden »Mitte« und »Maß« als Weg des Gesundens so selten betreten? Eine Frage, die in diesem Buch ebenfalls eine Erklärung findet. Sie steht auffällig im Einklang mit Goethes Einsicht in »unsrer Krankheit schwer Geheimnis«. Auch hier erweist sich das Fehlen von Mitte und Maß als das eigentliche »Geheimnis«: Es ist »Übereilung« und es ist »Versäumnis«. Oder wie es im *Buch von Mitte und Maß* lautet: »Der Meister sprach: warum der Weg der Mitte nicht begangen wird, das weiß ich. Die Neunmalklugen gehen darüber hinaus, und die Törichten erreichen ihn gar nicht. Warum der Weg nicht erkannt wird, das weiß ich: Die Alleskönner gehen darüber hinaus, und die Unfähigen erreichen ihn nicht.« (ebd., S. 152)

So kann denn auch Goethes China gewidmeter, 1827 entstandener Gedicht-Zyklus *Chinesisch-Deutsche Jahres- und Tageszeiten* durchaus in diesem Sinne gelesen werden als Goethesche Konfuzius-Reflexion im Zeichen von »Mitte und Maß«. Es sind poetische Variationen des Beschwichtigens aller Tendenzen des Übereilens und Versäumens, die Goethe hier gleichsam als den Konfuzius von Weimar erscheinen lassen. Es sind immer wieder Warnungen vor allen Tendenzen der »Übereilung«, die sich dann bei Nietzsche wiederfinden. Und bei ihm nun verstanden werden als zentrales Symptom eines künftigen »großen Hospitals« der Barbarei: »Aus Mangel an Ruhe läuft unsere Zivilisation in eine neue Barbarei aus. Zu keiner Zeit haben die Tätigen, das heißt die Ruhelosen, mehr gegolten« (*Menschliches, Allzumenschliches*, SA 1, 620). Goethe tritt in den *Chinesisch-Deutschen Jahres- und Tageszeiten* im konfuzianischen Geist »strenger Mäßigung« diesen Tendenzen entgegen mit der Aufforderung: »Sehnsucht in's Ferne, Künftige zu beschwichtigen, / Beschäftige dich hier und heut im Tüchtigen.« (XIV)

Es ist ein »Heute«, das Goethe exemplarisch feiert vor allem im Gedicht *Dämmrung senkte sich von oben*. In der zarten und schwerelos getuschten Nachtzeichnung einer abendlichen Landschaft gelingt hier poetisch die völlige Ruhigstellung des Gemüts: »Und durch's Auge schleicht die Kühle / Sänftigend in's Herz hinein.« (*Chinesisch-Deutsche Jahres- und Tageszeiten*, VIII)

Womit denn auch das andere große Therapie-Thema der »strengen Mäßigung« in Goethes China-Verständnis in den Fokus rückt: die Harmonie. Goethe spricht es aus in der rühmenden Metapher der Rose: »Als Allerschönste bist du anerkannt, / […] / Streitsucht verbannend, wundersam Ereignis!« (ebd., X) Es ist dieses Verbannen der Streitsucht, das Goethe erst recht als Konfuzius von Weimar erscheinen lässt. Denn er nennt hiermit die lebenserhaltende und -sichernde Tugend beim Namen, die charakteristisch ist für die Besonderheit jener hydrologischen Reisbauernkultur, die bis heute in den konfuzianisch geprägten und von China kulturalisierten Ländern Südostasiens dominant ist: Es ist die Überlebensstrategie des Gemeinsinns einer Harmonie- und Konsenskultur, die auf das System kommunizierender Wasserkanäle angewiesen ist. Und in der das Nehmen und Geben des Wassers sich als existentielle Notwendigkeit erweist. Goethe selbst hat dieses Prinzip des Nehmens und Gebens anschaulich statuiert mit der Formulierung:»Mann mit zugeknöpften Taschen, / Dir tut niemand was zu Lieb'; / Hand wird nur von Hand gewaschen; / Wenn du nehmen willst, so gibt!« (*Wie du mir, so ich dir*) Oder wie die entsprechende Maxime im *Tasso* lautet:»Und was man ist das blieb man andern schuldig.« (Vers 106) Für Konfuzius ergab sich aus der Einsicht in diese Notwendigkeit des Nehmens und Gebens jedenfalls die zwingende Notwendigkeit einer reziproken Pflichten-Kultur. Mit der gleichzeitigen Notwendigkeit einer »Streitsucht« bannenden Gesellschaft. Denn die Bannung der Streitsucht sichert nicht nur das Überleben des Kollektivs in Gefahr und Not. Sie sichert auch das Staatswesen im riesigen chinesischen Reich zahlreicher Sprachen, Ethnien und Religionen. Sie erwies sich letztlich als die probate Strategie zur Vermeidung des Chaos. Das heißt, Goethes »wundersam Ereignis« in Gestalt der Verbannung der Streitsucht ist in der Tat »wundersam«. Und zwar für Leser in einer in Europa dominanten Streit- und Individualkultur. Einer hydrologisch bedingten Reisbauernkultur muss dagegen jede Streitkultur als gefährliche Tendenz einer Immunschwächung erscheinen. Muss man doch in einer Reisbauerngesellschaft von der Überzeugung ausgehen, dass in lebensbedrohlichen Fällen der Einzelne vermutlich untergeht, und nur das Kollektiv sich retten kann. Eine Einsicht, die auch Goethe im *Faust* Chiron aussprechen lässt: »Gesellig nur läßt sich Gefahr erproben« (Vers 7379). Wie denn überhaupt Goethe seine Überzeugung von der Harmonie als förderndes Rettungsmittel schon früher formuliert hatte:»Ich bin ein Kind des Friedens und will Friede halten für und für, mit der ganzen Welt, da ich ihn einmal mit mir selbst geschlossen habe.« (*Italienische Reise, Zweiter römischer Aufenthalt, An Herder*, 12. Oktober 1787)

Nicht im Einklang mit dieser konfuzianischen Friedens- und Harmonie-Kultur als Strategie der Immunstärkung standen für Goethe jedenfalls alle den Gemeinsinn schwächenden Tendenzen eines egomanischen Eigensinns westlicher Provenienz. Sein Urteil über die eigenen Zeitgenossen lautet daher: »Sie schelten einander Egoisten; / Will jeder doch nur sein Leben fristen. / Wenn der und der ein Egoist, / So denke daß du es selber bist.« (*Zahme Xenien III*)

Nicht zufällig hat Goethe daher auch in Japan (seit dessen Öffnung Ende des 19. Jahrhunderts gegenüber dem Westen) eine singuläre Rezeption erfahren. Japans eigene Hochschätzung der Harmonie findet sich noch heute in Erz gegossen in einer großen Glocke im Residenzgarten der Deutschen Botschaft in Tokyo: »Die Töne verhallen aber die Harmonie bleibt.« (*Sprüche in Prosa*, FA 13, 410)

Und es ist schließlich der Gedanke der Harmonie, der sich bei Goethe verschränkt mit einer weiteren wichtigen Tugend der fernöstlichen Kultur des Nehmens und Gebens, mit der Dankbarkeit. Goethes Rangerhöhung des Dankens – »Nur weil es dem Dank sich eignet, / Ist das Leben schätzenswert.« (*Gedichte an Personen*: *Fehlt der Gabe gleich das Neue*) – entspricht ganz dem konfuzianischen Verständnis einer lebenslangen Dankespflicht. Und zwar der Kinder gegenüber den Eltern und den Ahnen für das Leben als höchstes Gut der Natur. Konfuzius hatte diesen Gedanken sogar erweitert zur Lehre der fünf sozialen Pflichten und der Ehrerbietung. Bei Konfuzius begründet diese aus der Dankespflicht resultierende Ehrfurcht schließlich auch die Prinzipien einer reziproken und hierarchisch gegliederten Staats- und Gesellschafts-Lehre: als Dankespflicht des ältesten Sohnes gegenüber dem Vater, als Pflichtverhältnis zwischen den Eltern, des jüngeren Sohnes zum älteren Sohn, des Herrschers zum Volk und schließlich als Pflichtverhältnis gegenüber dem Freund.

Es ist dieser ehrfürchtig-dankbare Respekt gegenüber dem Leben, der sich in der Tat als eine bedeutende Wahlverwandtschaft zwischen konfuzianischem und goetheschem Denken erweist. Goethe hat diesen dankbaren Respekt als »Pietät« bezeichnet: »Wenn gewisse Erscheinungen an der menschlichen Natur, betrachtet von Seiten der Sittlichkeit, uns nöthigen, ihr eine Art von radicalem Bösen, eine *Erbsünde* zuzuschreiben, so fordern andere Manifestationen derselben: ihr gleichfalls eine *Erbtugend*, eine angeborne Güte, Rechtlichkeit und besonders eine Neigung zur Ehrfurcht zuzugestehen. Diesen Quellpunct, wenn er, im Menschen cultivirt, zur Thätigkeit, ins Leben, zur Oeffentlichkeit gelangt, nennen wir *Pietät*, wie die Alten.« (*Ueber Kunst und Alterthum*, V, 1, FA 22, 93)

Und sie erhält bei ihm eine zentrale Stellung in der Lebenskunst zur Vermeidung von Immunschwächungen des Lebens. Ja, Goethe hat im Mangel dieses Pietätsverhalten sogar die größte Gefahr auf dem Weg der Welt in das »große Hospital« erblickt. Die Pietät hat er in diesem Sinne gerühmt mit an Konfuzius erinnernden Worten: »Mächtig zeigt sie sich von Eltern zu Kindern [...]; sie verbreitet ihre segensvolle Einwirkung von Geschwistern über Bluts-, Stammes- und Landesverwandte [...], Thiere und somit gegen Grund und Boden, Land und Stadt«. Um dann dieses Bekenntnis der Ehrfurcht und Dankbarkeit ins Globale zu weiten als Merkmal eines Allheilmittels für die Welt mit der Überzeugung, dass sie schließlich »ihr Letztes, Bestes dem Himmel« zuwendet: »sie allein hält der Egoisterey das Gegengewicht, sie würde, wenn sie durch ein Wunder augenblicklich in allen Menschen hervorträte, die Erde von allen den Uebeln heilen, an denen sie gegenwärtig und vielleicht unheilbar krank liegt.« (*Ueber Kunst und Alterthum*, V, 1, *Don Alonzo ou L'Espagne*, FA 22, 93)

Da Goethe über die Natur statuiert hat, das Leben sei »ihre schönste Erfindung« (Fragment *Die Natur*, FA 25, 12), gewinnt diese Magna Charta der Pietät im konfuzianischen Geist schließlich auch eine grundsätzliche und hochaktuelle Bedeutung für die Zukunft der Menschheit. Denn die bereits erwähnten »Späße« des Menschen mit der Natur (vgl. oben. S. 10 f.) sind aus Goethes Sicht im Grunde ein Mangel an »Pietät« gegenüber der Natur. Und Goethes Vermutung, dass die Erde »vielleicht unheilbar krank liegt«, scheint sich täglich mehr zu bestätigen. Das heißt, nur wenn diese »Pietät« »durch ein Wunder augenblicklich in allen Menschen hervorträte«, könnte die Erde »von allen den Übeln« geheilt werden.

Inzwischen lässt sich dieses »Wunder« genauer definieren. Denn es ist konkret die atmosphärische Lebens-Schutz-Hülle der Erde, die mit globaler Pietät »augenblicklich« respektiert werden müsste. Wobei sich diese Pietät als Klima-Sensibilität im Sinne einer global ökologischen Zivil-Religion erweisen müsste. Und gerade dem Aspekt der Atmosphäre hat Goethe bereits hohe Aufmerksamkeit gewidmet. Nach fast zehnjähriger intensiver Beschäftigung mit dem Wetter, den Wolken und der Atmosphäre hat er 1825 das Resultat seiner Beobachtungen sogar festgehalten in einem eigenen Versuch einer Witterungslehre. Sie ist zu Lebzeiten Goethes nicht mehr veröffentlicht worden, belegt aber nachdrücklich seine Überzeugung von der Erde als ein großes lebendiges Wesen.

Seine Forschungen galten denn auch in diesem Sinne der Erkundung des Systems »Erde« – »angefangen vom Schweren bis zum Luftigen, aber nicht im Sinne einer Abwendung von der Wissenschaft und einer Hinwendung zur Poesie, sondern als Gang durch alle Schichten der Biosphäre, vom Granit, den er die ›Grundfeste der Erde‹ nennt, bis zur Troposphäre, der untersten Schicht der gasförmigen Hülle der Erdoberfläche. Dort findet das Wettergeschehen statt und dort ist der Anteil des Sauerstoffs gerade hoch und gerade niedrig genug, also genau richtig, um das Lebens von Pflanzen, Tieren und Menschen zu ermöglichen.« (Stefan Bollmann: *Der Atem der Welt*, S. 549)

Mit dem Begriff der »Pietät« gerät bei Goethe schließlich noch ein anderer zentraler konfuzianischer Aspekt der immunitären Sicherung des Lebens in den Fokus. Es ist die Praxis des übenden Lebens zur Steigerung und Erhaltung des Lebens, die sich im konfuzianischen Denken verschränkt mit einer lebenslangen Dankbarkeits-Pietät gegenüber dem Lehrer. Nicht zufällig eröffnet Goethe den Zyklus der *Chinesisch-Deutschen Jahres- und Tageszeiten* mit der Vorstellung irdischer Glückseligkeit mit Blick auf chinesische Mandarine. Sie erscheinen hier als die wahren Vorbilder eines erfüllten Lebens ständigen Lernens und Übens – verbunden mit denkbar schwierigen Prüfungen als Voraussetzung für die Übernahme höchster Ämter im Dienste kaiserlicher Herrschaft: »Sag was könnt' uns Mandarinen, / Satt zu herrschen, müd zu dienen, / Sag was könnt' uns übrig bleiben, / Als in solchen Frühlingstagen / Uns des Nordens zu entschlagen / Und am Wasser und im Grünen / Fröhlich trinken, geistig schreiben, / Schal' auf Schale, Zug in Zügen?« (*Chinesisch-Deutsche Jahres- und Tageszeiten*, I)

Das Leistungs-Glück eines übenden Lebens erscheint hier in Gestalt der Mandarine als Merkmal einer Kultur der Meritokratie, eines Bildungsadels, der anstelle des Erbadels sich bereits in der Han-Dynastie (206 v. Chr. – 220 n. Chr.) für den Bildungsadel als verlässliche Strategie der Chaos-Überwindung entschieden hatte. Eine Meritokratie, die bis zum Ende der Qing-Dynastie (1644–1911) den Ehrentitel und die Ränge des Mandarins nur den Gelehrten, Richtern und Beamten verlieh, die sich nach jahrelanger Ausbildung einem dreistufigen rigorosen Auswahl- und Prüfungssystem unterworfen hatten. Das heißt, man war davon überzeugt, dass auch die immunitäre Sicherung des Staates nur durch die gelehrtesten und fähigsten Köpfe garantiert werden konnte. Eine über 2000-jährige Geschichte von Olympiaden der Leistung. Mit Siegern, deren Namen auf ehernen Tafeln verewigt wurden, die noch heute im Pekinger Konfuziustempel zu sehen sind. Mit dem Ergebnis, dass seit Deng Xio Ping in den letzten Jahrzehnten in China diese konfuzianische Tradition des Übens und Lernens eine bildungspolitische Renaissance (mit zwei schweren, an die rigorosen Mandarin-Prüfungen der Kaiserzeit erinnernden Prüfungen im heutigen chinesischen Schulsystem) erlebt, die sich als das eigentliche Betriebsgeheimnis des chinesischen Erfolgswegs der letzten 40 Jahre vom Imitator zum Maßstäbe setzenden Innovator erweist.

Goethes Mandarine also als wichtige Repräsentanten einer Kultur, die sich für ihn durch »strenge Mäßigung« über Jahrtausende erhalten hat. Es ist eine Mäßigungs-Therapie in Gestalt ständigen Lernens und Übens, deren Grundlage sich übrigens gleich im ersten Kapitel der Gespräche des Konfuzius mit seinen Schülern findet: »Der Meister spricht: Macht es denn nicht Freude, mit Ausdauer und unermüdlichem Fleiß zu lernen?« (Konfuzius: *Gespräche*, S. 25)

Mit dem Bild der Mandarine macht Goethe auch aufmerksam auf einen besonders wichtigen Aspekt des übenden Lebens: die ästhetische Erziehung. Denn Goethe beschreibt ausführlich das Glück der sinnlichen Erfahrung der Mandarine. Sie sind es, die hier in »Frühlingstagen […] / Und am Wasser und im Grünen / Fröhlich trinken, geistig schreiben«. Als »Vermächtnis« hat Goethe ganz in diesem Sinne denn auch festgehalten: »Den Sinnen hast du dann zu trauen, / Kein Falsches lassen sie dich schauen, / Wenn dein Verstand dich wach erhält.« (*Vermächtnis*)

Und gegenüber Riemer hat Goethe dieses Vertrauen auf die sinnliche Wahrnehmung präzisiert: »Mit einem Worte, die Sinne selbst schon sind die eigentlichen Experimentierer, Prüfer und Bewährer der Phänomene« (*Gespräch mit Riemer*, 28.6.1809).

Dieses sinnliche Sichern und Bewahren der Phänomene hat Goethe denn auch als wesentliche Voraussetzung empfunden für die Sicherung der Immunität des eigenen Lebens und damit zugleich auch als Bedingung, für andere als »humaner Krankenwärter« hilfreich tätig zu werden. Denn das Ansehen des Menschen und der Phänomene der Natur wird durch ihr sinnliches Ansehen gewährleistet und gesichert. Was Goethe darunter verstanden hat, lässt sich erkennen an seiner Begeisterung über Schillers Briefe *Über die ästhetische Erziehung des Menschen*. Es ist eine Begeisterung, die Einblick gewährt in Goethes eigene Art und Weise, sich selbst zum »humanen Krankenwärter« auszubilden. Denn Schiller plädiert für die Entwicklung und Bildung der sinnlichen Organe der Welt-Erfahrung genau in dem Sinne, was Goethe, wie er in seinem Brief an Schiller vom 26. Oktober 1794 schreibt, »für recht seit langer Zeit erkannte« und »was ich theils lebte, theils zu leben wünschte«. Weshalb denn Goethe die Lektüre von Schillers Briefen *Über die ästhetische Erziehung des Menschen* als beglückende Bestätigung seines eigenen Bildungs-Strebens und zugleich als lebensförderndes Allheilmittel empfand:

Wie uns ein köstlicher, unsrer Natur analoger Tranck willig hinunter schleicht und auf der Zunge schon durch gute Stimmung des Nervensystems seine heilsame Wirckung zeigt, so waren mir diese Briefe angenehm und wohlthätig, und wie sollte es anders seyn? da ich das was ich für recht seit langer Zeit erkannte, was ich theils lebte, theils zu leben wünschte auf eine so zusammenhängende und edle Weise vorgetragen fand.

6. Kapitel
»Lazaret-Poesie«

Eckermann begleitet am 24. September 1827 Goethe, »der Morgen war sehr schön«, nach Berka. Unverhofft überrascht Goethe ihn mit dem düsteren Ausblick auf die zeitgenössische romantisch-pessimisische Weltschmerzdichtung. Und dies verbunden mit einem Fazit, das an seine nun schon ein halbes Jahrhundert zurückliegende Bezeichnung der Welt als »großes Hospital« erinnert: »die ganze Welt ein Lazaret«. Für Goethe eine Metapher für Immunschwäche. Denn er blickt jetzt weit zurück in die Antike und nennt jenen spartanischen Dichter, der wie kaum ein anderer die Spartaner im 7. Jahrhundert v. Chr. zu den Tugenden des Muts, der Ausdauer und der Stärke aufrief: Tyrtaios. Um nun diese tyrtäische Poesie der Lebenskraft mit der Poesie jener zeitgenössischen Poeten zu vergleichen, die alle »schreiben […], als wären sie krank und die ganze Welt ein Lazaret«. Goethe erklärt, er habe sogar ein »gutes Wort gefunden […], um diese Herren zu ärgern. Ich will ihre Poesie die *Lazaret-Poesie* nennen; dagegen die echt *Tyrtäische* diejenige, die […] den Menschen mit Mut ausrüstet, die Kämpfe des Lebens zu bestehen.« Für die »Lazaret«-Poeten aber gelte: »Alle sprechen sie von dem Leiden und dem Jammer der Erde und von den Freuden des Jenseits, und unzufrieden, wie schon alle sind, hetzt einer den andern in noch größere Unzufriedenheit hinein. Das ist ein wahrer Mißbrauch der Poesie, die uns doch eigentlich dazu gegeben ist, um die kleinen Zwiste des Lebens auszugleichen und den Menschen mit der Welt und seinem Zustand zufrieden zu machen. Aber die jetzige Generation fürchtet sich vor aller echten Kraft und nur bei der Schwäche ist es ihr gemütlich und poetisch zu Sinne.« (*Gespräch mit Eckermann*, 1. Teil, 24.9.1827) War doch

Goethe selbst diesem »Mißbrauch der Poesie« immer wieder begegnet, um die das Immunsystem schwächenden »kleinen Zwiste des Lebens« schöpferisch »auszugleichen«: durch »ein Bild, ein Gedicht« (*Dichtung und Wahrheit*, II, 7). Die Kunst also als »Schutz- und Heilmittel«, wie es 1871/72 Nietzsche dann in *Die Geburt der Tragödie aus dem Geiste der Musik* behaupten wird.

Nietzsche war es denn auch, der in diesem Sinne statuieren wird: »Ohne Musik wäre das Leben ein Irrtum.« (*Götzendämmerung*, SA 2, 947) Und auch Goethe diente die Musik als »Schutz- und Heilmittel«: »ich bedarf kräftiger frischer Töne, mich zusammenzuraffen, zu sammeln.« (*Brief an F. v. Müller*, 24.6. 1826) – Ja, es ist schließlich die Musik, die ihn nach dem Abschied von der 19-jährigen Ulrike von Levetzow endgültig von der Versuchung der Wertherschen »Krankheit zum Tode« befreit. Beginnt doch die *Marienbader Elegie* entschieden mit der Erinnerung *An Werther* und endet in der *Aussöhnung* mit der Heilung durch das Rettungsmittel der Musik. Es ist das Spiel der polnischen Pianistin Maria Szymanowska, das ihn tief bewegt: »Da schwebt hervor Musik mit Engelschwingen, / Verflicht zu Millionen Tön' um Töne, / Des Menschen Wesen durch und durch zu dringen, / Zu überfüllen ihn mit ew'ger Schöne: / Das Auge netzt sich, fühlt' im höhern Sehnen / Den Götter-Wert der Töne wie der Tränen. // Und so das Herz erleichtert merkt behende / Daß es noch lebt und schlägt und möchte schlagen, / Zum reinsten Dank der überreichen Spende / Sich selbst erwiedernd willig darzutragen. / Da fühlte sich – o daß es ewig bliebe! – / Das Doppel-Glück der Töne wie der Liebe.« (*Aussöhnung*)

Hinzu kommt, dass Goethe schon früh selbst das Rettungsmittel der Musik erkannt und praktiziert hat. Und zwar im Sinne seiner Forderung, dass ein »ganzer Mensch« nur der sei, der sie auch praktisch »treibt«. Goethe hat diese Forderung gegenüber dem musizierenden Hofjuwelier Josef Pleyer 1822 formuliert:»Wer Musik nicht liebt, verdient nicht, ein Mensch genannt zu werden, wer sie nur liebt, ist erst ein halber Mensch, wer sie aber treibt, ist ein ganzer Mensch.« (*Gespräch mit Pleyer*, Biedermann III/1, 560) Durch eigenen Antrieb und dem elterlichen Vorbild folgend hatte er sich mit Grundbegriffen der Musik vertraut gemacht. Von 1763 bis 1766 hatte er nicht nur Klavierunterricht erhalten und die Notenschrift erlernt. Konzerte, Kantaten und Oratorienaufführungen in den Kirchen hatten ihn sogar zu eigenen Kantaten-Entwürfen angeregt. Und schließlich übte er sich sogar auf dem Violoncello und im Chorgesang. Über den Johann Heinrich Voß im Mai 1804 berichtet:»Herrlich ist's, wenn Goethe in seinem tiefen klaren Basse intoniert.« (*Gespräch mit Voß*, Biedermann I, 955) Ja, er vermochte sogar, ihm zugesandte Partituren sachkundig zu lesen und eigene Konzepte zu entwerfen für die Vertonung seiner Singspiele. Mit dem Ergebnis, dass Goethe in der Lage war, sich über eine Vielzahl musikalischer Gegenstände unter anderem mit Carl Friedrich Zelter auszutauschen – bis hin zum Entwurf einer systematisch angelegten Tonlehre, mit der er die mit dem Komponisten Johann Friedrich Reichardt begonnene Akustiklehre fortsetzen wollte.

Goethe hat jedenfalls im genannten Gespräch mit Eckermann über die»Lazaret-Poesie« seine Überzeugung bestätigt, dass die Kunst berufen und fähig sei, das Leben als »schönste Erfindung« der Natur zu fördern und zu steigern. Und dies, indem sie,»den Menschen mit Mut ausrüstet, die Kämpfe des Lebens zu bestehen«. Zwei Jahre später hat Goethe diesen Gedanken erneut aufgegriffen. Diesmal mit einer berühmten und viel diskutierten Folgerung, die sich für ihn aus dem»Versäumnis« der Mut-Ausrüstung des Menschen »für die Kämpfe des Lebens« ergibt:»Mir ist ein neuer Ausdruck eingefallen [...], der das Verhältnis [zwischen Klassik und Romantik] nicht übel bezeichnet. Das Klassische nenne ich das Gesunde, und das

Romantische das Kranke. Und da sind die *Nibelungen* klassisch wie der *Homer*, denn beide sind gesund und tüchtig. Das meiste Neuere ist nicht romantisch, weil es neu, sondern weil es schwach, kränklich und krank ist, und das Alte ist nicht klassisch, weil es alt, sondern weil es stark, frisch, froh und gesund ist. Wenn wir nach solchen Qualitäten Klassisches und Romantisches unterscheiden, so werden wir bald im Reinen sein.« (*Gespräch mit Eckermann*, 2. Teil, 2.4.1829)

Ein Urteil, das Goethe dann in apodiktischer Form wiederholt: »Classisch ist das Gesunde, romantisch das Kranke.« (*Sprüche in Prosa*, FA 13, 239) Anstelle der Mut-Ausrüstung »für die Kämpfe des Lebens« hatte Goethe in den Werken und Äußerungen der Romantik gegenteilige Tendenzen einer immunitären Schwächung des Lebens erkannt. Warum? Weil Goethe die Partei der Natur nicht nur ergriffen hatte, indem er in ihr das Leben als ihre »schönste Erfindung« erkannt hatte. Aus eigener Erfahrung wusste er auch, dass ihr Fluch auf allen Extremen lag. Ein Geheimnis, das sie nur dem »Gesunden« eröffne. Denn den »Unzulänglichen verschmäht sie, und nur dem Zulänglichen, Wahren und Reinen ergibt sie sich und offenbart ihm ihre Geheimnisse.« (*Gespräch mit Eckermann*, 1. Teil, 13.2.1829)

Das lebensgefährdende »ultra« aber hatten für ihn Romantiker wie Schlegel und Novalis zum Prinzip erhoben: »Verbindet die Extreme, so habt ihr die wahre Mitte« – so hatte es Friedrich Schlegel als einer der bedeutendsten Theoretiker und Kritiker der romantischen Bewegung in Deutschland formuliert (*Athenäums-Fragmente*, S. 262). Und Novalis hatte ähnlich behauptet: »Das wahre Genie verbindet die Extreme.« (*Blütenstaub*, S. 55)

Es sind jene Extreme, die Goethe auch außerhalb Deutschlands wirkmächtig sah. Vor allem im für ihn wichtigsten Vertreter der englischen Romantik, Lord Byron, den er gegenüber Eckermann als ein »ins Unbegrenzte strebendes Naturell« charakterisiert hatte (24.2.1825). Und dessen tragisches Schicksal (als Teilnehmer am Freiheitskampf der Griechen) Goethe im *Faust* metaphorisch in der Gestalt des Euphorion sinnfällig werden lässt. Im Helena-Akt des zweiten Teils der *Faust*-Tragödie ist es Euphorion, der durch sein Verharren im Extremen diesen Weg in die Zerstörung des eigenen Lebens geht: »Nun laßt mich hüpfen, / Nun laßt mich springen / Zu allen Lüften / Hinauf zu dringen / Ist mir Begierde / Sie faßt mich schon.« Es ist Goethes eigene Rettungs- und Gesundungs-Therapie, die er hier Faust aussprechen lässt mit der Warnung: »Nur mäßig! mäßig! / Nicht ins Verwegne, / Daß Sturz und Unfall / Dir nicht begegne, / Zu Grund uns richte / Der teure Sohn.« Immer wieder ist es Euphorion, der jene Extreme sucht, die Goethe 1825 dann gegenüber Zelter definieren wird mit der Diagnose: »alles […] ist jetzt ultra […], im Denken wie im Tun.« (*Brief an Zelter*, vermutlich 6.6.1825) Und dies ganz im Sinne der ekstatischen Worte Euphorions im Helena-Akt: »Nur durch die Haine! / Zu Stock und Steine! / Das leicht Errungene / Das widert mir, / Nur das Erzwungene / Ergetzt mich schier.« Oder wenig später Euphorions Worte im Geiste eines immer rückhaltloseren »ultra« der Selbstzerstörung: »Immer höher muß ich steigen, / Immer weiter muß ich schaun.« Und Goethe hat kaum je eindringlicher vor der »Krankheit zum Tode« auf dem Weg ins »große Hospital« des »ultra« gewarnt als im gemeinsamen Schreckensruf von Helena, Faust und dem Chor: »Übermut und Gefahr, / Tödliches Los!« Eine Warnung, der Euphorion begegnet mit der Beschwörung seines eigenen Untergangs: »Doch! – und ein Flügelpaar / Faltet sich los. / Dorthin! Ich muß! ich muß! / Gönn't mir den Flug!« Es ist der Flug in die Tiefe, in den Tod, den Euphorion mit diesen an Werthers Schicksal erinnernden Worten herbeisehnt (Verse 9711 bis 9900). Eine Sehnsucht, die dann auch August Wilhelm Schlegel als Merkmal der Romantik erkennt: »Die Poesie der

Alten war die des Besitzes, die unsrige ist die der Sehnsucht« (*Vorlesungen über dramatische Kunst und Literatur*, S. 25). Und die sich hier als Todes-Sehnsucht manifestiert. Goethe wird dieser die Gegenwart und das Leben schwächenden Neigung in den *Chinesisch-Deutschen Jahres- und Tageszeiten* (XIV) dann mit der Aufforderung entgegentreten:»Sehnsucht in's Ferne, Künftige zu beschwichtigen, / Beschäftige dich hier und heut im Tüchtigen.« Es überrascht daher auch nicht, dass Goethe gegenüber allen lebenzerstörenden Tendenzen eine nahezu extreme Sensibilität entwickelt hat. Der Sammler mittelalterlicher Kunstwerke, Sulpiz Boisserée, berichtet in diesem Zusammenhang über eine abgründige Vision Goethes anhand von Scherenschnitt-Arabesken des Malers und Schriftstellers der Romantik, Philipp Otto Runge:»Da sehen Sie einmal [Runges Arabesken], was das für Zeug ist, zum Rasendwerden, schön und toll zugleich. […] Freilich, […] das will alles umfassen und verliert sich darüber immer ins Elementarische, doch noch mit unendlichen Schönheiten im Einzelnen; da sehen Sie nur, was für Teufelszeug, und hier wieder, was da der Kerl für Anmut und Herrlichkeit hervorgebracht, aber der arme Teufel hat's auch nicht ausgehalten, er ist schon hin, es ist nicht anders möglich, was so auf der Kippe steht, muß sterben oder verrückt werden, da ist keine Gnade.« (*Gespräch mit S. Boisserée*, 6.5.1811)

Es ist denn auch dieser Wille des Alles-Umfassen-Wollens, den Goethe im Urteil über Achim von Arnim betont:»Er ist wie ein Faß, wo der Böttcher vergessen hat, die Reifen fest zu schlagen, da läuft's denn auf allen Seiten heraus« (*Gespräch mit K. A. Varnhagen von Ense*, 8.7.1825). Ein Auslaufen »nach allen Seiten«, das Goethe bei Arnim schon früher als ein unheilbares Krankheitsbild verstanden hatte. So erklärt er nach der Lektüre des Arnimschen Zeitromans *Gräfin Dolores*:»So muß ich mich z. B. zurückhalten, gegen Achim von Arnim, der mir seine Gräfin Dolores zuschickte und den ich recht lieb habe, nicht grob zu werden. Wenn ich einen verlorenen Sohn hätte, so wollte ich lieber, er hätte sich von den Bordellen bis zum Schweinkoben verirrt, als daß er in den Narrenwust dieser letzten Tage sich verfinge: denn ich fürchte sehr, aus dieser Hölle ist keine Erlösung. Übrigens gebe ich mir alle Mühe, auch diese Epoche historisch, als schon vorübergegangen zu betrachten.« (*Brief an K. F. v. Reinhard*, 7.10.1810)

Als ein ähnlich gefährdetes Talent, »ganz in der unselig-romantischen Richtung«, hat Goethe schließlich auch Victor Hugo charakterisiert. Was Eckermann in diesem Zusammenhang notiert, liest sich wie das Bulletin einer als Krankheit empfundenen Lektüre mit starkem physischen und psychischen Unwohlsein – bis hin zur Empfindung von »Folterqualen«. Goethe hat soeben den Roman *Der Glöckner von Notre Dame* des französischen Romantikers gelesen und beginnt nun das Gespräch [mit Eckermann] zunächst mit einem Lob: »Er ist ein schönes Talent, sagte Goethe; aber ganz in der unselig-romantischen Richtung seiner Zeit befangen, wodurch er denn, neben dem Schönen, auch das Allerunerträglichste und Häßlichste darzustellen verführt wird. Ich habe in diesen Tagen seine Notre Dame de Paris gelesen und nicht geringe Geduld gebraucht, um die Qualen auszustehen, die diese Lektüre mir gemacht hat. Es ist das abscheulichste Buch, das je geschrieben worden! Auch wird man für die Folterqualen, die man auszustehen hat, nicht einmal durch die Freude entschädigt die man etwa an der dargestellten Wahrheit menschlicher Natur und menschlicher Charaktere empfinden könnte. Sein Buch ist im Gegenteil ohne alle Natur und ohne alle Wahrheit! Seine vorgeführten sogenannten handelnden Personen sind keine Menschen mit lebendigem Fleisch und Blut, sondern elende hölzerne Puppen, mit denen er umspringt wie er Belieben hat, und die er allerlei Verzerrungen und Fratzen machen läßt, so wie er es für seine beabsichtigten Effekte eben braucht. Was ist das aber für eine Zeit, die ein solches Buch nicht allein möglich macht und hervorruft, sondern es sogar ganz erträglich und ergötzlich findet! –« (*Gespräch mit Eckermann*, 3. Teil, 27.6.1831)

Selten hat Goethe so unverhüllt jene Symptome geschildert, aus denen abgeleitet werden kann, was er als das große »Lazaret« seiner Zeit auf dem Weg zum »großen Hospital« der Welt verstanden hat. Es sind die Krankheitsmerkmale des »ultra« im »Denken wie im Tun«: das »Allerunerträglichste«, das »Häßlichste« und »Abscheulichste« werden empfunden als »Folterqualen«. Warum? Weil Goethe diese Krankheitsmerkmale empfindet als »ohne alle Natur« und damit auch »ohne alle Wahrheit«. Erinnert sei in diesem Zusammenhang an sein bereits erwähntes Wort, dass die Natur immer »wahr« ist, immer »Recht« hat. Und sich nur dem »Zulänglichen, Wahren und Reinen ergibt« und »ihm ihre Geheimnisse« offenbart (*Gespräch mit Eckermann*, 2. Teil, 13.2.1829).

Aber noch etwas anderes wird in diesem Urteil über Victor Hugo erkennbar: die Vision einer möglichen menschlichen Gesellschaft »elender, hölzerner Puppen« anstelle von Menschen »mit lebendigem Fleisch und Blut«. Die trostlose Vorstellung also eines »großen Hospitals«, die jenes Wort einzulösen scheint, das sich in den Paralipomena zu *Faust* findet: »Jeder Trost ist niederträchtig / Und Verzweiflung nur ist Pflicht.« (Paralipomena zu *Faust*, FA 7.1, 571) Denn schon einen Tag nach dem Gespräch mit Eckermann kommt Goethe erneut auf seine Hugo-Lektüre-Erschütterung zurück. Er teilt jetzt, in einem Brief vom 28. Juni 1831, die bei Hugo erkannte Welt des »Kranken« bewusst der »gesunden« Gegenwelt mit. Er schreibt seinem Freund Karl Friedrich Zelter, den er als einen der wenigen Garanten des Gesunden schätzt, und über den er schon 1805 geurteilt hatte: »Wenn die Tüchtigkeit sich aus der Welt verlöhre; so könnte man sie durch ihn wieder herstellen.« (*Brief an Herzog Carl August*, 9./10.8.1805)

Es ist also Zelter, dem Goethe das dunkle Wort von der »Verzweiflung« offenbart. Und zwar in Gestalt einer »Literatur der Verzweiflung«. Mit der für Goethe notwendigen Folge einer Welt, in der »nach und nach alles Wahre, Ästhetische sich von selbst verbannt«. Goethe sieht sie als eine Hospital-Welt ohne jede »Spur von Naturlebendigkeit«, er sieht erschreckende »Lebens unteilhaftige Gliedermänner und -Weiber«: Damit antizipiert er bereits jene Hospital-Welt, die er im 5. Akt von *Faust II* versiegeln wird: Es ist die Welt der Lemuren, »Geflickte Halbnaturen« (Vers 11514), die dem von der Sorge erblindeten Faust im Auftrag Mephistos das Grab schaufeln, das Faust fatal mit einem Graben verwechseln wird. – Hier nun der vollständige Wortlaut des Schreibens an Zelter vom 28.6.1831:

Von der neusten französischen Romanlektüre und ihrem nächsten Kreise will ich nur soviel sagen: es ist eine Literatur der Verzweiflung, woraus nach und nach alles Wahre, Ästhetische sich von selbst verbannt. Notre Dame de Paris von Victor Hugo besticht durch das Verdienst fleißiger wohlgenutzter Studien der alten Lokalitäten, Sitten und Ereignisse; aber in den handelnden Figuren ist durchaus keine Spur von Naturlebendigkeit. Es sind Lebens unteilhafte Gliedermänner und -Weiber, nach ganz geschickten Proportionen aufgebaut, aber außer dem hölzernen und stählernen Knochengerüste durchaus nur ausgestopfte Puppen, mit welchen der Verfasser auf das unbarmherzigste umgeht, sie in die seltsamsten Posituren renkt und verrenkt, sie foltert und durchpeitscht, geistig und leiblich zerfleischt, freilich ein Nichtfleisch ohne Barmherzigkeit zerfetzt und in Lappen zerreißt; doch das alles geschieht mit dem entschiedenen historisch-rhetorischen Talent, dem man eine lebhafte Einbildungskraft nicht absprechen kann, ohne die er solche Abominationen [Scheußlichkeiten] gar nicht hervorbringen könnte.

Die immunitäre Schwächung des Lebens hat Goethe allerdings nicht nur in der romantischen Literatur diagnostiziert. Er hat sie auch erkannt an Beispielen einer romantischen Kunsttheorie unter dem Titel vom »kränklichen Klosterbruder und seinen Genossen« (1805). Damals hatte Goethes Kunstfreund Johann Heinrich Meyer für die *Jenaische Allgemeine Literatur-Zeitung* eine Schrift der Brüder Riepenhausen rezensiert, die sich offen zur christlichen Malerei bekannten und diese über die griechische Plastik stellten. Goethe hatte hinzugefügt: »Wem ist in diesen Phrasen die neukatholische Sentimentalität nicht bemerklich, das klosterbrudrisierende [...] Unwesen, von welchem der bildenden Kunst mehr Gefahr bevorsteht als von allen Wirklichkeit fordernden Calibanen [Menschenfresser]?« (zit. nach FA 33, 750) – Um dann fünf Monate vor seinem Tod gegenüber Zelter summarisch zu bemerken: »sie wollten mehr vorstellen als ihnen von Natur gegönnt war und mehr wirken als sie vermochten« (20.10.1831).

Es ist dieses »ultra« des mehr Wirken-und-Vorstellen-Wollens der Romantiker, das Goethe hier kritisiert. Als eine Lebensschwäche, als ein Mangel an Lebenstüchtigkeit, die Goethe in den *Zahmen Xenien* festhält: »Wer ohne Frömmigkeit will leben, / Muß großer Mühe sich ergeben: / Auf seine eigne Hand zu wandern« (*Zahme Xenien IX, Ich habe nichts gegen Frömmigkeit*). Um gegenüber dem Journalisten Johann Ludwig Tieck ergänzend zu bemerken, »daß von den zerstückelten Gliedern unsers anarchischen Literatur- und Kunstwesens gar manche sich zu der frömmelnden Fahne sammeln, welche freilich die Schwachen am Geiste und an Talenten sektenartig in Schutz nimmt« (*Brief an J. L. Tieck*, 2.1.1824).

Friedrich Nietzsche hat Goethes Einsicht in die Symptome der romantischen Immunschwäche 1888 dann in seiner Schrift *Der Fall Wagner* aufgegriffen. Hatte doch Goethe mit Blick auf Friedrich Schlegel behauptet, er sei »am Wiederkäuen sittlicher

und religiöser Absurditäten erstickt« (*Brief an Zelter*, 20.10.1831).
Bei Wagner feiert diese Diagnose nun eine neu-romantische
Renaissance:»Goethe hat sich einmal die Frage vorgelegt, was
die Gefahr sei, die über allen Romantikern schwebe: das Ro-
mantiker-Verhängnis. Seine Antwort ist: ›am Wiederkäuen sittlicher und religiöser Absurditäten zu ersticken.‹ Kürzer: Parsifal – –«. Das heißt, Nietzsche diagnostiziert am Ende des
19. Jahrhunderts eine weitere wirkmächtige romantische Immunschwäche. Sie ist für ihn allerdings in Gestalt des Bühnen-
Weihfestspiels *Parsifal* von Richard Wagner weiter fortgeschrit-
ten und hat inzwischen die deutsche Nation erfasst als ein Prozess des »Sich-Selbst-Zerfleischens«:»Aus deutschem Herzen
kam dies schwüle Kreischen? / Und deutschen Leibs ist dies
Sich-Selbst-Zerfleischen?« (*Nietzsche contra Wagner*, SA 2, 1051)
Goethe hatte den Ursprung dieser Entwicklung summarisch
beschrieben:»Bey uns Deutschen war die Wendung ins Romantische aus einer, erst den Alten, dann den Franzosen ab-
gewonnenen Bildung, durch christlich-religiöse Gesinnungen
eingeleitet, durch trübe, nordische Heldensagen begünstigt und
bestärkt; worauf sich denn diese Denkweise festsetzen und
verbreiten konnte, so daß jetzt kaum ein Dichter, Maler, Bild-
hauer übrig geblieben, der sich nicht religiosen Gefühlen hin-
gäbe und analogen Gegenständen widmete.« (*Ueber Kunst und
Alterthum*, II, 2, FA 20, 418 f.)
Schon 1808 hatte er gegenüber Riemer die immunitären
Schwächen dieser Entwicklung beschrieben:»Das Romantische ist kein Natürliches, Ursprüngliches, sondern ein Ge-
machtes, ein Gesuchtes, Gesteigertes, Übertriebenes, Bizarres,
bis ins Fratzenhafte und Karikaturartige. […] Die sogenannte
romantische Poesie zieht besonders unsere jungen Leute an,
weil sie der Willkür, der Sinnlichkeit, dem Hange nach Un-
gebundenheit, kurz der Neigung der Jugend schmeichelt.«
(*Riemer, Tagebuch*, 28.8.1808)

Das heißt, Goethe hatte bereits Symptome genannt, die dann bei Nietzsche ihre Erweiterung finden sollten mit seiner Antwort auf die Frage »Was ist Romantik?« Es sind Erscheinungen wie das »Bizarre«, »Fratzenhafte« und »Karikaturartige«. Und sie sind im Krankheits-Bulletin Nietzsches im Zeichen der Dekadenz gesteigert zum »Rausch«, zur »Betäubung« und zum »Wahnsinn«. Nietzsche wiederholt damit letztlich Ende des 19. Jahrhunderts Goethes Einsicht von der Welt, die er aus der Sicht der »Vernunfthöhe« gewonnen hatte: »denn von der Vernunfthöhe herunter sieht das ganze Leben wie eine böse Krankheit und die Welt einem Tollhaus gleich.« (*Brief an Chr. G. v. Voigt*, 19.12.1798, vgl. das 1. Kapitel, S. 23)

Nietzsche wird in *Jenseits von Gut und Böse* diese Diagnose näher definieren mit dem Hinweis: »Der Irrsinn ist bei einzelnen etwas Seltenes – aber bei Gruppen, Parteien, Völkern, Zeiten die Regel« (SA 2, 637). Um dann im 1888 erschienenen *Antichrist* diese »Irrenhaus-Welt« mit der Vision »unserer Zeit« und des »Krank«-Seins zu verbinden (SA 2, 1216).

Es soll daher nun im zweiten Teil dieses Buches der Frage nachgegangen werden: Welche Symptome hat Goethe erkannt, die seine Vision vom »großen Hospital« der Welt aus der Sicht des 21. Jahrhunderts rechtfertigen könnten? Hat er die Quellgründe jener Immunschwächung erkannt, die sich zunehmend als ursächlich erweisen für die Entstehung der Krisen-Phänomene unseres Jahrhunderts? Und sind die im ersten Teil aufgezeigten Therapie-Versuche Goethes gegen die von ihm erkannten »leiblichen« und »geistigen Schwäche«-Symptome für uns im digitalen Überwachungs- und Informations-Zeitalter noch relevant?

Teil II
Die Wege in das »große Hospital«

1. Kapitel
»Die Natur versteht gar keinen Spaß«

Im 1. Teil dieses Essays ist versucht worden, neu zu deuten, was Goethe selbst 1787 als Reaktion mit Blick auf das »große Hospital« der Welt gefordert hat: die Ausbildung des Menschen zum »humanen Krankenwärter«. Eine Forderung, die unmittelbar korrespondiert mit seiner Forderung an sich selbst: »Warum sucht' ich den Weg so sehnsuchtsvoll, / Wenn ich ihn nicht den Brüdern zeigen soll?« (*Zueignung*) Denn der Weg, den Goethe den Brüdern zeigen will, ist sein bewusster Widerstand gegen die »Tendenz der Zeit, alles in's Schwache und Jämmerliche herunterzuziehen«. Eine Tendenz, die »immer mehr durch und durch« geht (*Brief an Zelter*, 12.2.1829). Es ist der Widerstand gegen jene »leiblichen Krankheiten« und »geistigen Schwächen«, die Goethe diagnostiziert hat als »das Schwache«, als den »Charakterzug unsers Jahrhunderts. [...] alles [ist] schwach, und in der Masse steht es nicht besser« (*Gespräch mit Eckermann*, 2. Teil, 12.2.1829).

Womit sich jetzt, im zweiten Teil, die Frage nach Goethes genauerem Verständnis dieser »leiblichen« und »geistigen Schwächen« seines Jahrhunderts stellt. Erweisen sie sich inzwischen als globale Immunschwäche gegenüber einem möglicherweise heraufkommenden Jahrhundert der Pandemien? Sind sie die Merkmale des prophezeiten »großen Hospitals« der Welt? Und ließe sich dieses »große Hospital« heute verstehen im Sinne des Goetheschen Krankheits-Verständnisses, nämlich als die Summe von »Übereilungen« und »Versäumnissen«, an deren Ende die Vermutung Adornos und Horkheimers (*Die Dialektik der Aufklärung*) steht: Dass »die vollends aufgeklärte Erde [...] im Zeichen triumphalen Unheils strahle«? Oder schlimmer noch, dass »der Mensch verschwindet wie am Meeresufer ein Gesicht im Sand«? (Foucault: *Die Ordnung der Dinge*)

Hatte doch schon Goethe im zweiten Teil der *Faust*-Tragödie gewarnt: »Nur strebe nicht nach höheren Orden / Denn bist du erst ein Mensch geworden, / Dann ist es völlig aus mit dir.« (Vers 8330 ff.) Und gegenüber Eckermann hatte er sogar die Prognose gewagt: »Ich sehe die Zeit kommen, wo Gott keine Freude mehr an ihr [der Menschheit] hat und er abermals Alles zusammenschlagen muss zu einer verjüngten Schöpfung. Ich bin gewiß, es ist Alles danach angelegt und es steht in der fernen Zukunft schon Zeit und Stunde fest, wann diese Verjüngungs-Epoche eintritt.« *(Gespräch mit Eckermann,* 3. Teil, 23.10.1828) Auch Faust hört im Augenblick, da sich die Sorge ihm nähert, ein entsprechendes »Reimwort«: »Ein düstres Reimwort folgte – Tod.« (Vers 11401)

Und war es nicht Faust selbst, der in einem lichten Augenblick ahnt, dass nur die Natur die allmächtige Garantin des Lebens ist?: »Könnt ich Magie von meinem Pfad entfernen / Die Zaubersprüche ganz und gar verlernen; / Stünd ich, Natur! vor dir ein Mann allein / Da wär's der Mühe wert ein Mensch zu sein.« (Vers 11404–11407) Es ist jedenfalls jener mephistophelische »Pfad« der Selbstzerstörung, vor dem Goethe nachdrücklich warnt: »aber die *Natur* versteht gar keinen Spaß, sie ist immer wahr, immer ernst, immer strenge; sie hat immer Recht, und die Fehler und Irrtümer sind immer des Menschen.« *(Gespräch mit Eckermann,* 2. Teil, 13.2.1829)

Ähnlich hatte sich Goethe schon zwei Jahre vorher geäußert zur dialektischen Methode Hegels: »Da lobe ich mir, sagte

Goethe, das Studium der Natur [...]. Denn hier haben wir es mit dem unendlich und ewig Wahren zu tun, das Jeden, der nicht durchaus rein und ehrlich bei Beobachtung und Behandlung seines Gegenstandes verfährt, sogleich als unzulänglich verwirft. Auch bin ich gewiß, daß mancher dialektisch Kranke im Studium der Natur eine wohltätige Heilung finden könnte.« (*Gespräch mit Eckermann*, 3. Teil, 18.10.1827)

Und in der Tat sind es Mephistos Helfer »Habebald, Raufebold, Haltefest«, mit denen Faust tödliche »Späße« gegenüber der Natur treibt. Agieren sie doch bereits als Vorreiter einer ökologischen Katastrophe: Sie vernichten uralte Bäume (vgl. Vers 11320–11335). Ja, es sind die Bäume, mit denen Goethe das gewagt hat, was jetzt, im 21. Jahrhundert im Zeichen der Klimakrise, eine unerwartete Renaissance erlebt: eine Begeisterung für die Bäume, für den Wald. Und seine eigene frühe Liebeserklärung lautet:»Sag ich's euch geliebte Bäume / Die ich ahndevoll gepflanzt / Als die wunderbarsten Träume / Morgenrötlich mich umtanzt. / Ach ihr wißt es wie ich liebe, / Die so schön mich wieder liebt, / Die den reinsten meiner Triebe / Mir noch reiner wiedergibt. // Wachset wie aus meinem Herzen / Treibet in die Luft hinein / Denn ich grub viel Freud und Schmerzen / Unter eure Wurzeln ein / Bringet Schatten traget Früchte / Neue Freude jeden Tag / Nur daß ich sie dichte dichte / Dicht bei ihr genießen mag.« (*Sag ich's euch geliebte Bäume*)

Und so, wie sich hier Goethes Liebe zu den Bäumen mit der Liebe zu Frau von Stein verschränkt, wird er Jahrzehnte später dieses Liebesgespräch fortsetzen: 1815 im *West-östlichen Divan*. Wieder ist es ein Baum, diesmal fernöstlicher Herkunft in einem Gedicht, das Marianne von Willemer gewidmet ist, der Geliebten:»Dieses Baum's Blatt, der von Osten / Meinem Garten anvertraut, / Giebt geheimen Sinn zu kosten, / Wie's den Wissenden erbaut. // Ist es Ein lebendig Wesen / Das sich

83

in sich selbst getrennt / Sind es zwey? die sich erlesen, / Daß man sie als eines kennt. // Solche Frage zu erwiedern / Fand ich wohl den rechten Sinn; / Fühlst du nicht an meinen Liedern / Daß ich Eins und doppelt bin?« (*Gingo Biloba*) Und so überrascht es denn auch nicht, dass Goethe im *West-östlichen Divan* sogar über eines der dringlichsten Umweltthemen unseres Jahrhunderts spricht: das Pflanzen von Bäumen: »Wenn ihr Bäume pflanzt, so sey's in Reihen, / Denn sie [die Sonne] läßt Geordnetes gedeihen.« (*Buch des Parsen, Vermächtniß alt persischen Glaubens*)

Faust hingegen, assistiert von Mephisto, offenbart eine »geistige Schwäche« von planetarischer Bedeutung. Es ist eine der sieben Todsünden, die Gier nach Besitz-Vermehrung, die ihn treibt und lamentieren lässt: »Der Lindenraum, die braune Baute, / Das morsche Kirchlein ist nicht mein.« (Vers 11157f.) Goethe gibt im *Faust* an dieser Stelle gleichzeitig den Blick frei auf die Zukunft einer Welt der Baum-Frevel. Und er nennt das, was nun geschieht, beim Namen: »gräuliches Entsetzen / Droht […] aus der finstern Welt!« (Vers 11306f.) Es ist Lynceus, der Türmer, der hier das Abfackeln der uralten Bäume und die Ermordung des uralten Ehepaars Philemon und Baucis beschreibt. Eine Beschreibung, mit der sich zwischen Lynceus und der faustischen Gier ein Abgrund öffnet. Es ist die Kluft, die sich für Goethe auftut zwischen der Natur, die immer »wahr« ist und immer »Recht« hat und einer mit faustischer Blindheit geschlagenen Welt, die mit der Natur ihre »Späße« treibt. Ganz am Rand dieser »finsteren Welt« steht Lynceus als Goethes »humaner Krankenwärter« der gefährdeten Natur und ihrer Wahrheit. Denn es ist Lynceus' Aufgabe, ihr Ansehen zu retten durch liebevolles Ansehen.

Lynceus hat sich hierzu erzogen durch ein übendes Leben sinnlichen Wahrnehmens der Natur. Er ist der Repräsentant einer hellsichtigen Gegenwelt zur faustischen Blindheits-Welt.

Er ist es, der in einer beginnenden »finstern Welt« im Sinne Goethes »den Brüdern« den Weg zeigt, den Goethe selbst sehnsuchtsvoll gesucht hat. Er ist es deshalb auch, der Dankbarkeit empfindet gegenüber der Natur für ihre »schönste Erfindung«: das Leben. Denn Lynceus hat im Anschauen der Natur ihre »ewige Zier« erkannt. Und er rühmt sie: »Ich blick in die Ferne, / Ich seh in der Näh / Den Mond und die Sterne, / Den Wald und das Reh. / So seh ich in allen / Die ewige Zier / Und wie mir's gefallen / Gefall ich auch mir.« (Vers 11292–11299) Lynceus tut dies in der Tat mit einem doppelten Blick. Denn er sieht die »ewige Zier« und gleichzeitig die finstere Gegenwelt ihrer Vernichtung: »Schlängelnd sind, mit spitzen Flammen, / Schon die Gipfel angefaßt. / Bis zur Wurzel glühn die hohlen / Stämme, Purpurrot im Glühn. –« (Vers 11332–11335) Um dann, nach langer Pause, jenen erschütternden Satz zu sagen, der inzwischen das 21. Jahrhundert erreicht hat: »Was sich sonst dem Blick empfohlen, / Mit Jahrhunderten ist hin.« (Vers 11336 f.) Die Bilanz einer »finstern Welt« faustischer Gier, der es lange fremd geblieben ist, die Bäume vor einem Zeithorizont jenseits der menschlichen Lebenszeit zu betrachten.

Eine Bilanz, die gleichzeitig den Blick freigibt auf das Ergebnis moderner Erkenntnisse zur Geschichte des Waldes. Eine Geschichte, die den Schluss zulässt, dass auch der Wald eine der »schönsten Erfindungen« der Natur ist. Denn die grundstürzende moderne Erkenntnis lautet: Es waren einst die Wälder, die das Leben auf unserem Planeten ermöglicht haben. Wissen wir heute doch, dass Wälder vor rund 400 Millionen Jahren entstanden, auf dem Weg von Wasserpflanzen zu einfachen Landpflanzen. Und dass sich hieraus dann vor rund 300 Millionen Jahren die ersten Bäume bilden konnten. Goethe kannte sie bereits, die fossilen Formen dieser Entwicklung. Waren sie doch sichtbar anwesend in den rund 17 800 Fundstücken seiner Mineraliensammlung. Und es waren vor allem diese

Wälder der Steinkohlezeit, denen vor 300 Millionen Jahren die CO_2-Reinigung der Erdatmosphäre gelang. Ein Reinigungsprozess, den Goethe im *West-östlichen Divan, Buch des Parsen* feiert: »Habt ihr Erd' und Wasser so im Reinen, / Wird die Sonne gern durch Lüfte scheinen, / Wo sie, ihrer würdig aufgenommen, / Leben wirkt, dem Leben Heil und Frommen.« (*Vermächtniß alt persischen Glaubens*)

Goethe erweist sich hier als der erste Ökologe, als der »humane Krankenwärter« der Nachhaltigkeit avant la lettre, der die Reinhaltung der Elemente der Natur erkennt als »heiliges Vermächtniß« für das Leben auf der Erde. Es ist ein »Vermächtniß«, das Goethe versteht als Aufforderung zu schweren Diensten – und dies zu täglicher Bewahrung: »Und nun sey ein heiliges Vermächtniß / Brüderlichem Wollen und Gedächtniß: / *Schwerer Dienste tägliche Bewahrung*, / Sonst bedarf es keiner Offenbarung.« (ebd.) Es ist das Vermächtnis »schwerer Dienste« einer unbedingten Reinhaltung jener Elemente, die sich als Bedingung des Überlebens des Menschen auf unserem Planeten erwiesen haben: die Elemente Erde, Wasser und Luft: »Grabet euer Feld in's zierlich Reine, / Daß die Sonne gern den Fleiß bescheine, / Wenn ihr Bäume pflanzt, so sey's in Reihen, / Denn sie läßt Geordnetes gedeihen. // Auch dem Wasser darf es in Kanälen / Nie am Laufe, nie an Reine fehlen, / Wie euch Senderud [Fluss in Persien, heute Iran] aus Bergrevieren / Rein entspringt, soll er sich rein verlieren. // [...] // Habt ihr Erd' und Wasser so im Reinen, / Wird die Sonne gern durch Lüfte scheinen, / Wo sie, ihrer würdig aufgenommen, / Leben wirkt, dem Leben Heil und Frommen.« (ebd.)

Goethe antizipiert hier bereits die zentrale Zukunftsfrage unseres Jahrhunderts: Entweder die Menschheit folgt dem heiligen Vermächtnis des Parsen oder sie endet im »großen Hospital«. Es ist ein Weg der Selbstzerstörung, der seit der Entdeckung (1895) des vom Menschen emittierten Kohlendioxids und dessen Bedeutung für das Klima bekannt ist. Goethe kannte den wissenschaftlichen Namen für diese Selbstzerstörungs-Emissionen noch nicht. Aber er hat als »humaner Krankenwärter« vor dem Betreten dieses Weges gewarnt, indem er mit dem Parsen bewusst das Rettungs-»Vermächtniß« stiftete für ein gemeinsames »brüderliches Wollen«. Wobei das »brüderliche Wollen« unmissverständlich zu verstehen ist als globale Verantwortung aller Menschen. Und damit als gemeinsame Verpflichtung, das Leben auf dem Planeten zu schützen und zu fördern durch Reinhaltung der genannten drei Elemente. Und er bezeichnet dies durchaus als »schwere Dienste«.

Diese »schweren Dienste« bedeuten gleichzeitig die Selbstverpflichtung aller: im Wege eines übenden Lebens, sich selbst zu erziehen zum Verzicht auf alle Lebensformen, die diesem heiligen Vermächtnis widersprechen. Und Goethe wusste, was mit einem übenden Leben im Sinne dieser »schweren Dienste« gemeint ist. Denn er spricht im *Buch des Parsen* ausdrücklich von »Mühe«, von »Gepeinigt-Sein« im Zeichen dieser Mühe: »Ihr, von Müh zu Mühe so gepeinigt, / Seyd getrost, nun ist das All gereinigt, / Und nun darf der Mensch, als Priester, wagen / Gottes Gleichniß aus dem Stein zu schlagen.« (ebd.)

Goethes »heiliges Vermächtniß« des Parsen ließe sich daher verstehen als Weltkulturerbe eines »brüderlichen Wollens« zur Rettung des Lebens auf der Erde. Es ließe sich für das 21. Jahrhundert übersetzen als unabweisbare Selbstverpflichtung eines jeden zur Reinhaltung der drei Grundelemente des Lebens. Eine Selbstverpflichtung mit dem konkreten Ziel einer Weltverbesserung durch Selbstverbesserung. Goethes »Vermächtniß« markiert im Übrigen eine entscheidende Zäsur: Es gibt keinen Weg zurück zu einem rein individuellen Verständnis von Selbstverbesserung. Jede Selbstverbesserung auf dem Weg zur Reinhaltung der drei Elemente der Natur muss notwendig als global-»brüderliche« Verantwortung verstanden werden. Das heißt, alle hieraus folgenden notwendigen Schritte der Mäßigung und des Verzichts stehen ab sofort nicht mehr im Dienste eines abstrakten Universalismus. Sie sind vielmehr existentiell und höchst konkret zu verstehen. Eine Einsicht Goethes im Zeichen der doppelten Sehweise des Türmers: Lynceus behält beides im Blick. Er sieht in der Natur die »ewige Zier«. Und er sieht gleichzeitig die »finstere Welt«. Für Goethe als Mit-Begründer einer alternativen Naturwissenschaft gilt es, beides im Blick zu behalten: die Gefährdung der Natur, der mit den Wäldern vor 300 Millionen Jahren das Wunder der Reinigung der Atmosphäre gelungen war, und auch das empathische Natur-Empfinden wie Goethe es bei Alexander von Humboldt kennengelernt hat, und wie Faust es zu Beginn des zweiten Teils der Dichtung in der *Anmutigen Gegend* feiert (Vers 4679–4694):

> Des Lebens Pulse schlagen frisch lebendig,
> Ätherische Dämmerung milde zu begrüßen;
> Du Erde warst auch diese Nacht beständig
> Und atmest neu erquickt zu meinen Füßen,
> Beginnest schon mit Lust mich zu umgeben,
> Du regst und rührst ein kräftiges Beschließen,
> Zum höchsten Dasein immerfort zu streben. –
> In Dämmerschein liegt schon die Welt erschlossen,
> Der Wald ertönt von tausendstimmigem Leben
> Tal aus, Tal ein ist Nebelstreif ergossen,
> Doch senkt sich Himmelsklarheit in die Tiefen,
> Und Zweig und Äste, frisch erquickt, entsprossen
> Dem duft'gen Abgrund wo versenkt sie schliefen;
> Auch Farb' an Farbe klärt sich los vom Grunde,
> Wo Blum' und Blatt von Zitterperle triefen,
> Ein Paradies wird um mich her die Runde.

2. Kapitel
»Erde, wie sie sich quälen lässt«

Wann beginnen für Goethe jene »Späße« des Menschen mit der immer »wahren« und »immer strengen Natur«? – Die technischen Möglichkeiten im Bergbau hatte Goethe früh besichtigt: Zeitgleich zur Französischen Revolution hat er schon 1790 die ersten Blicke getan in das Beschleunigungs-Potenzial der industriellen Revolution – und zwar in Gestalt der Dampfmaschine, der sogenannten »Feuermaschine von Tarnowitz« in Schlesien, die der Entwässerung diente.

1809 dann schildert er die Ausbeutung der Erde mit erschreckender Aktualität im Fragment des *Pandora*-Festspiels: »Erde sie steht so fest! / Wie sie sich quälen läßt! / Wie man sie scharrt und plackt! / Wie man sie ritzt und hackt! / Da soll's heraus. / Furchen und Striemen ziehn / Ihr auf den Rücken hin / Knechte mit Schweißbemühn; / Und wo nicht Blumen blühn, / Schilt man sie aus.« (*Pandora*, Vers 189–198)

Dem »Schweißbemühn« wird man im 5. Akt von *Faust II* wiederbegegnen. Dort sind es Fausts Arbeiter, über die Baucis berichtet: »Menschenopfer mußten bluten, / Nachts erscholl des Jammers Qual.« Und Baucis erkennt, dass Faust die Arbeiter bereits im Dienst der prometheischen Feuermaschine beschleunigt arbeiten lässt. Denn sie berichtet: »Meerab flossen Feuergluten; / Morgens war es ein Kanal.« (Vers 11127–11130)

Faust erweist sich hier also bereits als ein Repräsentant des beginnenden Zeitalters der Feuermaschinen, dessen Zukunft Goethe illusionslos kommentiert hat: »So wenig nun die Dampfwagen zu dämpfen sind, so wenig ist dies auch im Sittlichen möglich: die Lebhaftigkeit des Handels, das Durchrauschen des Papiergeldes, das Anschwellen der Schulden, um Schulden zu bezahlen, das alles sind die ungeheuern Elemente, auf die gegenwärtig ein junger Mann gesetzt ist.« (*Briefentwurf an G. H. L. Nicolovius*, vermutlich Ende November 1825)

Das heißt, mit den nicht zu dämpfenden »Dampfwagen« beginnt für Goethe eine tiefgreifende Zäsur: die Abkopplung der Zukunft der Dampfmaschinen von der inzwischen nicht mehr zu dämpfenden Forderung der sittlichen Pflicht zur Reinhaltung der Elemente. Goethe hatte diese für die Zukunft des Lebens auf der Erde entscheidende Forderung erkannt im heiligen Vermächtnis des Parsen. Ein Vermächtnis, das man erst in der zweiten Hälfte des 20. Jahrhunderts mithilfe des Club of Rome als sittliche Pflicht des Menschen gegenüber der Natur wiedererkennen und in den Fokus des Bewusstseins rücken wird. Und die seit über 200 Jahren andauernde Nichtbeachtung dieses heiligen Vermächtnisses erweist sich daher rückblickend als jene »Fehler und Irrtümer [...] des Menschen«, die Goethe 1829 im Gespräch mit Eckermann erwähnt. (2. Teil, 13.2.1829)

Mit dem ergänzenden Hinweis: »Den Unzulänglichen verschmäht sie [die Natur], und nur dem Zulänglichen, Wahren und Reinen ergibt sie sich.« Auffällig auch hier die Betonung des »Reinen« mit Blick auf die Natur. Es ist jene Idee des Reinen, über die Goethe schon früh notiert hatte: »Möge die Idee des reinen die sich bis auf den Bissen erstreckt den ich in [den] Mund nehme, immer lichter in mir werden.« (*Tagebuch*, 7.8.1779) Eine Idee, die aufs Höchste gesteigert sich nun wiederfindet im *West-östlichen Divan* im *Buch des Parsen* als »heiliges Vermächtniß« für das 21. Jahrhundert. Das schon zur Goethezeit aus dem Blick geriet in Gestalt einer bedenkenlosen Nutzung der Wälder. Die Wälder wiesen damals riesige Kahlflächen auf. Seit Jahrhunderten hatten der Schiffbau, im Mittelalter der Bergbau, die Glashütten und schließlich menschliche Siedlungen und Rodungen zum Niedergang der Wälder beigetragen. Hinzu kamen die Nutzung der Wälder als Weidegrund und die verheerenden Folgen der Streunutzung (Blätter und Nadeln als Einstreu in den Ställen). Anfang des 19. Jahrhunderts konnte sich nur noch anspruchslose Vegetation entwickeln; Laubbäume hatten keine Chance. Nicht zufällig daher Goethes Hochschätzung auch der »1000-jährigen Eiche« auf dem Ettersberg bei Weimar. Von dieser Eiche existiert heute nur noch ein verkohlter Baumstumpf. Sie teilte das Schicksal der alten Linden im 5. Akt von *Faust II* auf dem Besitz von Philemon und Baucis: vom Feuer erfasst, purpurrot bis »zur Wurzel« glühend – im Zeichen faustischer Habgier und Hybris. Schon Ovid hatte das ähnliche Schicksal einer Eiche in den *Metamorphosen* beschrieben, die, aus der väterlichen Bibliothek stammend, zur Lieblingslektüre Goethes gehörten. Auch dort, im Mythos des Erysichthon, steht ein Baum im Zentrum der Tragödie. Es ist die heilige Eiche der Demeter, die sich erweisen wird als der Anfang der Selbstzerstörung des Erysichthon. Er lässt sie, an Faust erinnernd, gierig fällen, ohne auf das Bitten und Flehen der Dryade [Baumnymphe] zu hören, die mit dem Baum-Frevel sterben muss. Mit dem Ergebnis, dass der mit unstillbarem Hunger bestrafte Erysichthon schließlich gierig »mit zerfleischendem Biss von den eigenen Gliedern Stücke sich abriss.« (VIII. Buch, Vers 877)

Ein Prinzip der Selbstzerstörung, das inzwischen Gestalt annimmt im weltweiten Schwinden der Waldflächen im Umfang von rund 1,3 Millionen Hektar Wald – darin enthalten die Zerstörung der tropischen Wälder von 7,4 Millionen Hektar – pro Jahr! Mit dem Resultat, dass durch diese Waldverluste jährlich durchschnittlich 0,5 Gigatonnen Kohlenstoff in die Atmosphäre freigesetzt werden. Und damit etwa 20 Prozent der weltweiten Treibhausgasemissionen den Entwaldungen geschuldet sind. Vier alte Baumriesen, ähnlich wie Goethes Eiche, jeder in Jahrhunderten gewachsen, gehen nach vorsichtigen Schätzungen inzwischen jedes Jahr auf das Konto jedes Bürgers der sieben reichsten Länder der Welt. Ein Ende ist nicht abzusehen – seit mehr als einer Generation. (https://www.zdf.de/nachrichten/panorama/regenwald-zerstoerung-amazonas-rodung-100.html)

Ein Erysichthon-Prinzip der Vernichtung existierender Wälder, das parallel voranschreitet mit dem Verbrauch der fossilen Brennstoffe, die sich über Jahrmillionen aus den Wäldern der Urzeit gebildet haben – ohne eine erkennbare Trendwende: Die CO_2-Emissionen aus fossilen Brennstoffen stiegen 2019 auf einen neuen Höchstwert von ca. 37 Milliarden Tonnen CO_2. Bis zum Jahr 2050 müsste die Menschheit ihre Treibhaus-Emissionen auf Netto-Null setzen, um die globale Erwärmung auf 1,5 Grad zu begrenzen. Nur dann ließen sich katastrophale Klimafolgen vermeiden. (https://www.scinexx.de/news/geowissen/co2-ausstoss-steigt-ungebremst/)

Goethe hat wenige Monate vor seinem Tod gegenüber Zelter hingewiesen auf mögliche Gründe für diesen Weg der Naturzerstörung. Auffällig ist für ihn ganz offensichtlich die schwindende Hoffnung auf ein gemeinsames »brüderliches Wollen«. Und damit auch auf die Reinhaltung der Elemente im Sinne des heiligen Vermächtnisses des Parsen. Goethe bemerkt jedenfalls eine zunehmende Erosion des Gemeinsinns durch anarchische Tendenzen einer radikal wachsenden Individual- und Streitkultur. Ausdrücklich bedauert er, dass die »jungen Leute« bereits »in eine verrückte Zeit gekommen [sind], wo ein starr-zäher Egoismus auf halbem oder gar falschem Wege sich verstockt […]. In der Folge, wenn ein freier Geist gewahr wird und ausspricht was gar wohl einzusehen und auszusprechen ist, so müssen gar viele gute Menschen in Verzweiflung geraten. Jetzt gängeln sie sich in schlendrianischen Labyrinthen und merken nicht was ihnen unterwegs bevorsteht.« (*Brief an Zelter*, 27.1.1832)

Schon 1825 bekennt Goethe gegenüber Zelter: »alles aber, mein Teuerster, ist jetzt ultra, alles transzendiert unaufhaltsam, im Denken wie im Tun. Niemand kennt sich mehr, niemand begreift das Element worin er schwebt und wirkt, niemand den Stoff, den er bearbeitet. […] Junge Leute werden viel zu früh aufgeregt und dann im Zeitstrudel fortgerissen; Reichtum und Schnelligkeit ist was die Welt bewundert und wornach jeder strebt; Eisenbahnen, Schnellposten, Dampfschiffe und alle mögliche Fazilitäten der Kommunikation sind es worauf die gebildete Welt ausgeht, sich zu überbieten, zu überbilden und dadurch in der Mittelmäßigkeit zu verharren. Und das ist ja auch das Resultat der Allgemeinheit, daß eine mittlere Kultur gemein werde.« (*Brief an Zelter*, vermutlich 6.6.1825)

Goethe schließt den Brief mit der gegenläufigen Aufforderung: »Laß uns soviel als möglich an der Gesinnung halten in der wir herankamen, wir werden, mit vielleicht noch wenigen, die Letzten sein einer Epoche die sobald nicht wiederkehrt.«

Es ist das Festhalten an einer Gesinnung »brüderlichen Wollens« im Geiste eines übenden Lebens gegen den »starr-zähen Egoismus«. Und es ist vor allem Alexander von Humboldt, der mit Goethe diese Gesinnung geteilt hat. War doch Humboldt 1799, gleich nach seiner Ankunft in Venezuela, genau diesem »starr-zähen Egoismus« europäischer Kolonisatoren begegnet. Er hatte ihn schonungslos kritisiert und darin die Ursache erblickt für den Beginn des Klimawandels als ersten Schritt ins »große Hospital« der Natur. Er wird erstmalig wissenschaftlich diesen »starr-zähen Egoismus« verantwortlich machen für die konsequente Missachtung der Reinhaltung der Elemente. Und die von ihm erkannte anthropogene Klimaveränderung kann in diesem Sinn durchaus gedeutet werden als Folge einer Wiederholung des Erysichthon-Frevels: in Gestalt der Zerstörung der »Wälder, wie die europäischen Siedler aller Orten in Amerika mit unvorsichtiger Hast tun.« (*Über die Freiheit des Menschen*, S. 70 f.)

Gleich im ersten Brief an den 26-jährigen Humboldt hatte Goethe hingewiesen auf die Möglichkeit einer gemeinsamen großen Zukunft konvergierender Gesinnungen:»Da Ihre Beobachtungen vom *Element*, die meinigen von der *Gestalt* ausgehen, so können wir nicht genug eilen, uns in der Mitte zu begegnen.« (*Brief an A. v.Humboldt*, 18.6.1795)

Die Mitte, in der sich beide begegnen werden, ist die Einsicht Humboldts in das alles beherrschende Prinzip der»Wechselwirkung« in der Natur. Ein Prinzip, dessen Wirkmächtigkeit er bei der Entdeckung des anthropogenen Klimawandels erkannt hatte:»Alles ist Wechselwirkung« (*Reise auf dem Rio Magdalena durch die Anden und Mexiko*, S. 358). Ein Prinzip, das Goethe bereits angedeutet hatte:»In der lebendigen Natur geschieht nichts, was nicht in einer Verbindung mit dem Ganzen stehe [...], es ist nur die Frage: wie finden wir die Verbindung dieser Phänomene, dieser Begebenheiten [der Natur]?« (*Der Versuch als Vermittler von Objekt und Subjekt*, FA 25, 33)

Eine Frage, die allerdings in Abgründe führt. Denn »Wechselwirkung« meint vor allem hochkomplexe und nicht-lineare Prozesse, in denen Myriaden »Phänomene« im »Ganzen« der Natur miteinander in Verbindung stehen. Es sind Prozesse, deren Verständnis in den Grenzbereich der neuronalen Kompetenz des Menschen fallen. Mit dem Ergebnis von Fehleinschätzungen und der Gefahr erst spät erkennbarer Kollateralschäden. Eine Gefahr, die inzwischen manifest wird am Beispiel des Klimas mit seinen unzähligen nicht-linearen Rückkopplungen, die keineswegs kompatibel sind mit den gewohnten linearen und monokausalen Tendenzen menschlicher Denkprozesse. Die hieraus resultierende Möglichkeit sogar unwahrscheinlicher und dramatischer Ereignisse figuriert inzwischen in den Sozialwissenschaften unter dem Begriff »schwarzer

Schwan« (ursprünglich eine Metapher der Philosophen John Stuart Mill und Karl Popper). Goethe selbst hat jedenfalls bereits die Empfehlung gewagt, dass man bei der Erforschung der Natur zunächst sich selbst erforschen sollte:»Es ist ein angenehmes Geschäft die Natur zugleich und sich selbst erforschen weder ihr noch seinem Geiste Gewalt anzuthun sondern beyde durch gelinden Wechseleinfluß mit einander ins Gleichgewicht zu setzen.« (*Sprüche in Prosa*, FA 13, 58)

Es überrascht daher nicht, dass Goethe seine Begeisterung so uneingeschränkt zum Ausdruck gebracht hat. Bereits 1797 erkennt er die zukünftige Bedeutung von Alexander von Humboldt als Verkörperung jenes»Zulänglichen, Wahren und Reinen«, dem die Natur ihr Geheimnis offenbart:»Der Bergrat von Humboldt ist hier. Ein wahrhaftes Cornu Copiae [Füllhorn] der Naturwissenschaften. Sein Umgang ist äußerst interessant und lehrreich. Man könnte in 8 Tagen nicht aus Büchern herauslesen was er einem in einer Stunde vorträgt.« (*Brief an Carl August*, Anfang März 1797)

Um dann gegenüber dem Berliner Verleger Unger dieses Urteil zu erweitern:»Humboldt macht mir, ich darf wohl sagen, eine ganz besondere Epoche, indem er alles in Bewegung setzt was mich von so vielen Seiten interessieren kann, ich darf ihn wohl in seiner Art einzig nennen, denn ich habe Niemanden gekannt der mit einer so bestimmt gerichteten Thätigkeit eine solche Vielseitigkeit des Geistes verbände, es ist incalculable was er noch für die Wissenschaften tun kann.« (*Brief-Konzept an J. F. Unger*, 28.3.1797, WA IV, 12, 79 f.)

Die»ganz besondere Epoche«, die Alexander von Humboldt bei Goethe bewirkt, findet schließlich ihren poetischen Höhepunkt im Schlussakt der *Faust*-Tragödie. Dort, wo Faust die alten Bäume abfackeln lässt, ist auch Alexander von Humboldt indirekt gegenwärtig mit seiner Beschreibung der Brandrodungen in Lateinamerika. Eine gemeinsame Natur-Empathie, die hier erkennbar wird, und über die Humboldt nach seiner Rückkehr aus Amerika bekennen wird: »Überall ward ich von dem Gefühle durchdrungen, wie mächtig jene Jenaer Verhältnisse auf mich gewirkt, wie ich durch Goethes Naturansichten gehoben gleichsam mit neuen Organen ausgerüstet wurde.« (Kurt-R. Biermann: *Goethe in vertraulichen Briefen Alexander von Humboldts*, S. 16) Es sind Organe einer Goethe-affinen »Naturfrömmigkeit«. Und damit auch im Sinne des pantheistischen Naturverständnisses bei Goethe. Wenn Goethe bekennt, dass niemand mehr als Spinoza ihn aufgemuntert habe, ein göttliches Wesen in den »rebus singularibus« zu erkennen (vgl. *Brief an F. H. Jacobi*, 9.6.1785), dann ist es Humboldt, der ganz konkret sein Leben der Erforschung dieser »rebus singularibus« gewidmet hat. Und zwar mit einer Goethe-ähnlichen Empathie, die Humboldt mit einer wissenschaftlich-exakten Erforschung der Natur verband. Im Sinne dieses Zugangs zu den »rebus singularibus« hat Humboldt denn auch 1807 sein Werk *Ideen zur einer Physiognomik der Gewächse* Goethe gewidmet.

Es waren also auch Goethes »Organe« im Geiste des Reinhaltungs-Vermächtnisses, die Alexander von Humboldt in sich ausgebildet hatte, als er 1799 in Venezuela am Beginn seiner lateinamerikanischen Forschungsreise stand. Um nun dort in seiner Studie über den Valencia-See die Klima-»Elemente« der Wälder zu entdecken. Denn Humboldt war gleich nach seiner Ankunft in Venezuela auf den zuletzt auffällig gesunkenen Wasserspiegel des Valencia-Sees aufmerksam geworden. Nach intensiven Messungen des Wassers, der Atmosphäre und der an den See grenzenden Flora gelangte er zu bis heute aktuellen Erkenntnissen zu den vier großen Klima-Funktionen der Wälder. Ihre Zerstörung wird Alexander von Humboldt dann im zweiten Band des *Kosmos* verstehen als »verhängnißvollen Laufe der Dinge« (*Kosmos II*, S. 384). In den Wäldern erkennt Alexander von Humboldt nicht nur das größte Reservoir für das im Boden gespeicherte Wasser: Die Wurzeln der Bäume nehmen Wasser und gelöste Mineralstoffe aus dem Boden auf und sorgen für einen stetigen Wasserstrom von den Wurzeln zu den Blättern. Die Blätter bilden so in ihrer Gesamtheit eine Verdunstungsoberfläche. Irgendwann fällt dann das verdunstete Wasser auch wieder als Niederschlag auf die Erde und kann erneut durch die Wurzeln der Bäume aufgenommen werden. Sie regulieren also durch Verdunstung gleichzeitig das, was Humboldt »periodische Regenschauer« nennt, also die Niederschlagsmenge. Hinzu kommt, was Humboldt als das »Erregen von Kälte« bezeichnet. Die thermische Wirkung der Wälder, »indem sie der Atmosphäre Wärmestoff entziehen, den sie mit Sauerstoff verbunden zurückgeben.« Die hierbei entstehende Verdunstungswärme entzieht dem Wald Wärme und lässt ihn abkühlen. Schließlich verhindern die Wälder »schattengebend die Verdunstung« und die Austrocknung des Bodens. (Zitiert nach Frank Holl: *Wie der Klimawandel entdeckt wurde*, S. 20–25)

Alexander von Humboldt hatte schon vor der Reise nach Lateinamerika Gelegenheit gehabt, die Folgen einer überproportionalen Rodung im preußischen Fürstentum Ansbach-Bayreuth zu beobachten. Als preußischer Bergrat, der 1792 bis 1795 die alten Gold- und Silberbergwerke im Fichtelgebirge zu reaktivieren versuchte, entwickelte er hierbei erstmals den zentralen Gedanken der modernen Ökologie: die Nachhaltigkeit. Eine Einsicht, die nun für Humboldt in Venezuela bestätigt wird angesichts der Zerstörung der Wälder im Zeichen menschlicher Gewinnsucht ohne anschließende Wiederaufforstung. Bereits in Ansbach-Bayreuth hatte Humboldt fatale Folgen für den Wasserhaushalt des Bodens und der Atmosphäre erkannt als Konsequenz des ständig wachsenden Holzbedarfs für das Bergwerk- und Hüttenwesen. Mit dem Ergebnis, dass der Gedanke der Nachhaltigkeit in Humboldts Studie zum Valencia-See im 19. Jahrhundert dann entscheidend wird für großdimensionierte Wiederaufforstungsmaßnahmen vor allem in Europa, in den USA und in Australien.

Der deutsch-australische Historiker Engelhard Weigl hat gezeigt, dass durch Alexander von Humboldts Einsicht in die Klima-Faktoren der Wälder das Umweltbewusstsein im 19. Jahrhundert zum ersten Mal in der Geschichte globale Dimensionen gewinnt. Hinzu kommt, dass Humboldt durch seine Erfindung der Isothermen (Linien gleicher Temperaturen) gleichzeitig auch die wissenschaftliche Grundlage der modernen Klimaforschung entwickelt. Er erzielt damit in globalem Maßstab die nachhaltigste Wirkung. Schon 1830 fordert er die »mathematische Betrachtung der Klimate« und setzt sich ein für den Ausbau großangelegter meteorologischen Beobachtungs-Stationen. 1847 regt er schließlich die Gründung des Preußischen Meteorologischen Instituts an.

Alexander von Humboldt ist allerdings nicht bei der Einsicht in die Klimafaktoren der Wälder stehen geblieben. Schon 1845, im ersten Band seines *Kosmos*, spricht er ausdrücklich von der »Vermengung [der Atmosphäre] mit mehr oder minder schädlichen gasförmigen Exhalationen« (S. 166). Das heißt, Humboldt wendet hier bereits den Blick auf die beginnende Umweltzerstörung in Gestalt des Verfeuerns fossiler Brennstoffe – einstmals riesige urzeitliche Wälder. Humboldt steht damit am Anfang jener Erkenntnis, die erst Ende des 19. Jahrhunderts durch Svante Arrhenius ihre wissenschaftliche Bestätigung finden wird: die CO_2-Emissionen, die Treibhausgas-Konzentration in der Atmosphäre und deren Einfluss auf den Klimawandel. Mit dem Ergebnis, dass mit dem Verfeuern fossiler Brennstoffe für die Energiegewinnung nun der Prozess der Reinigung der Luft durch die Wälder vor 300 Millionen Jahren fatal umgekehrt wird: Das gespeicherte CO_2 wird wieder in die Atmosphäre zurückgeführt.

Der Physiker und Biologe Ernst Ulrich von Weizsäcker –
2012 bis 2018 einer der beiden Präsidenten des Club of Rome –
hat in diesem Zusammenhang hingewiesen auf das Phänomen
der Erleichterungen für die menschliche Gesellschaft durch die
Nutzung fossiler Brennstoffe. Es sind Erleichterungen, auf deren Folgen schon Nietzsche aufmerksam gemacht hat:»unsre
Erleichterungen sind es, die wir am härtesten büßen müssen!«
(*Menschliches, Allzumenschliches*, SA 1, 741) Es sind »Erleichterungen«, deren ambivalente Natur inzwischen manifest wird.
Denn die Industrielle Revolution »hat uns eine Verzwanzig-
fachung der Arbeitsproduktivität beschert [...], weil stets die
Arbeitskosten mit den Produktionsgewinnen gestiegen sind.«
(E. U. v. Weizsäcker: *Interview*, S. 121) Wir verdanken also den
›fossilen Wäldern‹ »das Herauskitzeln eines 20-fachen Wohlstands«. Mit der Folge: »Der Kapitalismus könnte zusammen-
brechen, wenn wir den Preisen erlauben, die ökologische Wahrheit zu sagen. Das heißt, wie wir die Produkte kostengünstig
machen, indem wir ständig die Natur zerstören, also analog die
Kosten der Naturzerstörung oder -nutzung nicht im Preis unserer Produkte enthalten ist.« (ebd., S. 133)

Ein Prozess der Wohlstands-Steigerung also, auf den Goethe
1825 im erwähnten Brief an Zelter hinweisen wird. Denn die
von ihm erkannte »ultra«-Entgrenzung von »Reichtum und
Schnelligkeit« (6.6.1825) beginnt mit dem Verfeuern fossiler
Brennstoffe. Es beginnt damit auch der Prozess einer fortdau-
ernden Ambivalenz zwischen wissenschaftlich-technisch ge-
schuldeten »Erleichterungen« und der Gefahr wachsender
Kollateralschäden. Alexander von Humboldt wird sie hellsichtig im zweiten Band des *Kosmos* beschreiben: »Durch den Glanz
neuer Entdeckungen angeregt, mit Hoffnungen genährt, deren
Täuschung oft spät erst eintritt, wähnt jedes Zeitalter dem Cul-
minationspunkte im Erkennen und Verstehen der Natur nahe
gelangt zu sein. Ich bezweifle, daß bei ernstem Nachdenken ein

solcher Glaube den Genuß der Gegenwart wahrhaft erhöhe. Belebender und der Idee von der großen Bestimmung unseres Geschlechtes angemessener ist die Ueberzeugung, daß der eroberte Besitz nur ein sehr unbeträchtlicher Theil von dem ist, was bei fortschreitender Thätigkeit und gemeinsamer Ausbildung die freie Menschheit in den kommenden Jahrhunderten erringen wird. Jedes Erforschte ist nur eine Stufe zu etwas Höherem in dem verhängnißvollen Laufe der Dinge.« (*Kosmos II*, S. 384)

Goethe wird im Schlussakt des *Faust* diesen »verhängnißvollen Laufe der Dinge« metaphorisch bestätigen als Rachefeldzug der Elemente. Es ist dort Mephisto, der prophezeit: »Und auf Vernichtung läufts hinaus.« (Vers 11550) Wobei Fausts Projekt, mit Dämmen und Buhnen dem allmächtigen Ozean Land abzutrotzen, von Mephisto mit Worten kommentiert wird, die inzwischen im Zeichen wachsender Hochwasser-Katastrophen alarmierende Aktualität erreicht haben (Vers 11544–11547):

> Du bist doch nur für uns bemüht
> Mit deinen Dämmen deinen Buhnen;
> Denn du bereitest schon Neptunen,
> Dem Wasserteufel, großen Schmaus.

3. Kapitel
Das große »Fratzengeisterspiel«

Ludwig Feuerbach hatte 1839 in seiner *Kritik der Hegelschen Philosophie* jene Einsicht festgehalten, die der französische Philosoph und Schriftsteller Régis Debray 2010 seinem Buch *Lob der Grenzen* als Motto vorangestellt hat: »Der Gott der Grenze steht als Wächter am Eingang in die Welt. Selbstbeschränkung ist die Bedingung des Eintritts. Was auch immer wirklich wird, es wird nur wirklich als ein Bestimmtes« (*Régis Debray: Lob der Grenze*, S. 44). Um dann selbst zum Ergebnis zu gelangen, dass ohne Grenzen alles erlaubt, alles möglich sei: »Heutzutage gibt es keine Limits mehr […]. Die Schamlosigkeit der Epoche rührt von keinem Exzess, sondern einem Mangel an Grenzen her. Es gibt keine Limits v o n mehr, weil es keine Limits z w i - s c h e n mehr gibt. Zwischen Staatsgeschäften und Privatinteressen. Zwischen Bürger und Individuum. Wir und ich. Zwischen Sein und Schein. Zwischen Bank und Casino. Zwischen Nachrichten und Werbung. Zwischen Schule auf der einen Seite, dem Glauben und Interessen auf der anderen. Zwischen Staat und Lobbys. Zwischen Umkleide und Rasen. Schlafzimmer und Büro des Staatschefs […]. Es ist an der Zeit, den Gott Terminus anzuflehen, die Grenzsteine wieder aufzustellen und die gelben Linien nachzuzeichnen. Sonst sind wir nicht mehr weit vom ›Untergang der Welt‹ entfernt, den Feuerbach, der Autor von *Das Wesen des Christentums* ausrief – jedenfalls vom Untergang der facettenreichen Welt, die noch nicht durch das Empire mit Zahlen und Bildern geglättet und formatiert wurde, weil sie bestimmte Formen einhalten musste.« (ebd., S. 45)

Debrays Empfehlung für das 21. Jahrhundert, »den Gott Terminus anzuflehen, die Grenzsteine wieder aufzustellen und die gelben Linien nachzuzeichnen«, hatten Goethe und Alexander von Humboldt bereits Anfang des 19. Jahrhunderts als notwendig erkannt. Beide haben sie die »gelben Linien« aufgezeigt, deren Übertretung in das »große Hospital« der Grenzenlosigkeit führt, in der alles erlaubt und alles möglich ist.

Für Goethe ist es der Weg in ein »großes Hospital« der doppelten Grenzenlosigkeit. Es ist geöffnet im Sinne eines »ultra« der entgrenzten Zeit und der gleichzeitigen Grenzenlosigkeit des Raumes. Die entgrenzte Zeit hatte Goethe mit dem Begriff des »Veloziferischen« bestimmt. Und die Entgrenzung des Raumes hatte er beschrieben als das Springen »von Weltteil zu Weltteil«. Goethe hatte dieses »ultra« sogar bereits verstanden als Beschleunigung des Konsums. Im erwähnten Briefentwurf an den Großneffen Nicolovius in Berlin (Ende November 1825) hatte er diese doppelte Entgrenzung ergänzt mit dem Hinweis, »daß man im nächsten Augenblick den vorhergehenden verspeist«. Eine Entgrenzung der sofortigen Befriedigung des Konsums und aller Ansprüche und Forderungen, die er bereits im Juni desselben Jahres in einem Brief an Zelter beschreibt als Verschränkung von »Reichtum und Schnelligkeit« (6.6.1825). Das heißt, er hatte in der industriellen Revolution das Betriebsgeheimnis eines ständig wachsenden Wohlstands im Zeichen des »ultra« erkannt. Alexander von Humboldt wird dieses Phänomen dann definieren mit den ihm zugeschriebenen Worten: »Wohlstand ist, wenn man mit Geld, das man nicht hat, Dinge kauft, die man nicht braucht, um damit Leute zu beeindrucken, die man nicht mag.«

Wobei Benjamin Franklin diese Verschränkung von »Reichtum und Schnelligkeit« bereits auf die lapidare Formel gebracht hatte: »Time is money«. Denn die industrielle Revolution hatte es in der Tat ermöglicht, den Wohlstand um das 20-fache zu steigern. War es doch Ingenieurskunst gelungen, Goethes Satz aus dem *Pandora*-Fragment scheinbar unbegrenzt umzusetzen: »Erde, wie sie sich quälen lässt.« Und gleichzeitig war es auf diese Weise gelungen, die fossilen Wälder des Karbon-Zeitalters einem ständig wachsenden Energiebedarf zuzuführen. Mit dem Ergebnis einer nahezu unbegrenzten (kreditgestützten) Akkumulation von Kapital mithilfe der Gewinnvorteile einer ständigen Beschleunigung der Produktion und des hiermit einhergehenden Wettbewerbsvorteils.

Mit der Besonderheit, dass Goethe 1825 – im erwähnten Briefentwurf an Nicolovius – das »Veloziferische« vor allem triumphieren sah in der besonders beschleunigten Entgrenzung der Zeit im Bereich der Kommunikation. Eine Einsicht, die inzwischen im Zeichen der digitalen Revolution auch in der Entgrenzung der Kapital-Akkumulation der Kommunikations-Giganten ihre Bestätigung findet. Wobei die global agierenden digitalen Informations-, Überwachungs- und Datenspeicherungssysteme im fossilen Energieverbrauch heute mit den USA und China an erster Stelle figurieren. Und zwar im Zeichen der bereits von Goethe beschriebenen Tendenz, dass »alles [...] ins Öffentliche geschleppt« wird. Und das Private »zum Zeitvertreib der Übrigen« mutieren zu lassen. Mit dem sozio-kulturellen Erosions-Ergebnis, dass es »alle möglichen Fazilitäten« einer beschleunigten Kommunikation sind, »worauf die gebildete Welt ausgeht, sich zu überbieten, zu überbilden und dadurch in der Mittelmäßigkeit zu verharren.« (*Brief an Zelter*, 6.6.1825)

Das heißt, Goethe hatte damit in der Kommunikations-Beschleunigung auch bereits die Möglichkeit anthropologischer Kollateralschäden bei der Entgrenzung des Fortschritts im Namen von »Reichtum und Schnelligkeit« erkannt. Ja, er sah sogar das Tor aufgestoßen für den Weg in das »große Hospital« durch eine Rangerhöhung der Virtualität. Das heißt, Lynceus als Repräsentant eines geduldigen Anschauens der Natur, der schon in der *Faust*-Tragödie als randständig erscheint, mutiert nun endgültig zum esoterischen Auslaufmodell einer »grünen«

Romantik als »deutsche Affäre« (Rüdiger Safranski). Obgleich es Lynceus war, der im geduldigen, empathischen Ansehen der Natur deren »Ansehen« gesichert hatte. Sah er doch in allem die »ewige Zier« (Vers 11297) im Sinne Goethescher Naturfrömmigkeit. Die damit auch jenen drei Elementen der Natur galt, deren Reinhaltung Goethe im *West-östlichen Divan* im *Buch des Parsen* als »heiliges Vermächtniß« der Menschheit erklärt hatte: die Luft, die Erde, das Wasser.

Umso hellsichtiger hatte Lynceus gleichzeitig auch die Zerstörung dieser »ewigen Zier« im Zeichen faustischer Verfluchung der Geduld geschildert. Lynceus ist es auch, der den Baumfrevler Faust im Zeichen der Gier des Erysichthon erkennt. Faust ist weder zum »Sehen geboren« noch zum »Schauen bestellt« (Vers 11288 f.), er ist vielmehr der Protagonist jenes »ungeduldigen«, sich übereilenden »Verstandes«, der im Namen von »Theorien« die »Phänomene gerne los sein möchte«: »Theorien sind gewöhnlich Uebereilungen eines ungeduldigen Verstandes, der die Phänomene gern los seyn möchte und an ihrer Stelle deswegen Bilder, Begriffe, ja oft nur Worte einschiebt.« (*Sprüche in Prosa*, FA 13, 353) Folgt er doch der »zynischen Vernunft« (Peter Sloterdijk) Mephistos und dessen eifrigen »veloziferischen« Helfern Habebald, Raufebold und Haltefest: Sie lassen die uralten Linden in Flammen aufgehen.

Lynceus aber verweigert sich dem »großen Hospital« der Übereilungen und der Ungeduld. Er verzichtet auf Eingriffe in die hochkomplexen Wechselwirkungen im Kosmos der Natur. Eingriffe, deren Folgen Alexander von Humboldt als den »verhängnißvollen Laufe der Dinge« charakterisiert. Hatte doch schon Goethe erkannt: »so kann man von einem jeden Phänomene sagen, daß es mit unzähligen andern in Verbindung stehe, wie wir von einem freischwebenden leuchtenden Punkte sagen, dass er seine Strahlen nach allen Seiten aussende.« (*Der Versuch als Vermittler von Objekt und Subjekt*, FA 25, 33)

Goethe war sogar davon überzeugt, dass die »Konstanz der Phänomene« »allein bedeutend« ist und das, »was wir dabei denken, ist ganz einerlei.« (*Maximen und Reflexionen*, JA 39, 499) Weshalb denn Goethe auch nicht bei den Phänomenen der Natur stehen geblieben ist. Er hat sich vielmehr hellsichtig bereits konzentriert auf die Folgen einer beschleunigten Wahrnehmung der Phänomene im Zeichen einer beschleunigten Kommunikation. Denn »wenn wir ein Phänomen aussprechen, beschreiben, besprechen, so übersetzen wir es schon in unsere Muttersprache, was hier schon für Schwierigkeiten sind, was für Mängel und Bedrohungen, ist offenbar.« (*Maximen und Reflexionen*, JA 39, 112) Das heißt, Goethe sah bereits die Gefährdung der »Muttersprache« als Folge einer Beschleunigung »aller möglichen Fazilitäten der Kommunikation«. Das Ergebnis dieser Entwicklung hat er denn auch 1823 definiert als die Heraufkunft der »Phrasensprache« (*Brief an Zelter*, 24.8.1823). Um dann 1825 dieses neue Zeitalter der »Phrasensprache« zu beschreiben als das Jahrhundert einer sich abzeichnenden Deutungshoheit der Welt durch die Repräsentanten der beschleunigten Kommunikation: Es ist »das Jahrhundert für die fähigen Köpfe, für leichtfassende praktische Menschen, die, mit einer gewissen Gewandtheit ausgestattet, ihre Superiorität über die Menge fühlen, wenn sie gleich selbst nicht zum Höchsten begabt sind.« (*Brief an Zelter*, 6.6.1825)

Es ist für Goethe das Jahrhundert »einer gewissen Gewandtheit« vor allem im Umgang mit jenem »Netz«, das er dann in den *Chinesisch-deutschen Jahres-und Tageszeiten* beschreibt als ein »Netz«, das ihn »umfängt« und »wo nichts verharret alles flieht« und »wo schon verschwunden was man sieht«. Eine Beschreibung, die verstanden werden könnte als Prophetie des digitalen Medienzeitalters. Und es ist für ihn zugleich das Zeitalter eines medialen Erregungs-Leitsystems der Ängste. Denn er erklärt es bereits als ein »bängliches« Netz. Es ist ein Reizleitungssystem, das an die »bänglichen« Ängste erinnert, die Goethe personifiziert in Gestalt jener »vier grauen Weiber«, die im 5. Akt von *Faust II* Einlass fordern: der Mangel, die Schuld, die Sorge und die Not. Das Netz ist schließlich »graugestrickt«. Es hat die Farbe der nicht-analogen Welt, es ist die Farbe der Theorie: »Grau, teurer Freund, ist alle Theorie, / Und grün des Lebens goldner Baum.« (Vers 2038 f.) Vor allem aber ist es »verfänglich«. Denn es ist das Netz eines »widrigen Geschwätzes«. Weshalb denn auch »nichts verharret alles flieht.« (*Chinesisch-deutsche Jahres- und Tageszeiten*, XI)

Inzwischen steht dieses »Netz« auch in engem Zusammenhang mit dem faustischen Baum-Frevel: in Gestalt der Energie-Nutzung fossiler Brennstoffe. Und zwar aufgrund der Herstellungskosten der Endgeräte, des Stromverbrauchs und der Entsorgung. Wobei der Energieverbrauch dem Gesetz der »Entgrenzung«, des »ultra« folgt: Er nimmt nicht ab, sondern zu. Er hinterlässt einen immer breiter werdenden Fußabdruck der Benutzer der digitalen Welt.

Die »ultra«–Tendenzen »aller möglichen Fazilitäten der Kommunikation« hat Goethe aber vor allem gespiegelt im *Faust II*. Es ist dort die *Rittersaal*-Szene am Ende des 1. Aktes. Goethe hat sie, wie den gesamten 2. Teil der Tragödie, vorsorglich versiegelt – als die gespenstische Vision einer fortschreitenden Entgrenzung virtueller Welten. Es ist das »große Hospital« einer progressiven Realitätsverweigerung, dem Goethe sogar schon einen Namen gegeben hat. Mephisto ist es, der sich hierbei als ein Genie der Wortfindung für den Abschied von der analogen Welt erweist. Das »große Hospital« der neuen virtuellen Welten bezeichnet er lakonisch als »Fratzengeisterspiel« (Vers 6546). Goethe selbst hat im Gegensatz zu diesem »Fratzengeisterspiel« jedenfalls gefordert, »daß der Mensch den Wert einer klaren Wirklichkeit gegen ein trübes Phantom […] von sich ablehnt.« (*Campagne in Frankreich*, FA 16, 540)

Es ist in der Tat die Welt »trüber Phantome«, in der »nichts verharret, alles flieht«, mit der Mephisto im Rittersaal der Kaiserlichen Pfalz das hochaktuelle Kunststück der medialen Zukunft gelingt. Denn er empfiehlt sich hier nachdrücklich als »Magister ludi« digitaler Netzwerke des 21. Jahrhunderts. Faust aber präsentiert er als ein erstes Opfer »digitaler Demenz«. Die Szene bestätigt jene Worte, mit denen Goethe wenige Tage vor seinem Tod die geistige Verfassung einer Welt skizziert, die bereits alle mephistophelischen Merkmale eines »großen Hospitals« der Entgrenzung von Raum und Zeit aufweist: »Der Tag aber ist wirklich so absurd und konfus [...]. Verwirrende Lehre zu verwirrenden Handel waltet über die Welt.« (*Brief an W. v. Humboldt*, 17.3.1832)

Sein Jugendfreund Merck hat über Goethe früh bemerkt: »Dein Bestreben, deine unablenkbare Richtung ist, dem Wirklichen eine poetische Gestalt zu geben; die anderen suchen das sogenannte Poetische, das Imaginative, zu verwirklichen, und das gibt nichts wie dummes Zeug.« (*Dichtung und Wahrheit*, IV, 18) Mit der *Rittersaal*-Szene hat Goethe in diesem Sinne eine neue Wirklichkeit in »poetischer Gestalt« geschaffen. Denn das »Fratzengeisterspiel« löst ein, was Goethe 1825 in seinem Briefentwurf an Nicolovius geschrieben hatte: Versammelt sind die Repräsentanten einer hedonistischen Spaß- und Amüsiergesellschaft, für die gilt: »Niemand darf sich freuen oder leiden, als zum Zeitvertreib der Übrigen.« Hier in der Kaiserpfalz ist es bereits ein »Zeitvertreib« in Gestalt notorischer Medienangebote der Gegenwart zwischen »Sex and Crime«. Denn mit dem (von den »Müttern« entliehenen) »Dreifuß« als Antizipation eines Fernseh-Bildschirms wird nun virtuell ein antikes Gewalt-Exempel statuiert: der Raub der Helena. Mit dem verstörenden Erfolg, dass Faust rettungslos die mediale Welt mit der Realität verwechselt. Und im Glauben an die leibhaftige Präsenz von Helena und Paris wird Faust selbst gewalttätig: »Mit Gewalt / Faßt er sie an« (Vers 6560 f.). Und mit Gewalt dringt er auf Paris ein:»Berührt ihn! – Weh uns, Wehe! Nu! im Nu!« (Vers 6563) Mit einem Ergebnis, das sich aus medialer Sicht als eine Art»Super-GAU« erweist:»Explosion, Faust liegt am Boden« – so die Regieanweisung Goethes. Schlimmer noch: Faust hat sogar das Bewusstsein verloren. Im übrigen herrscht – so die weitere Regieanweisung –»Finsternis« und»Tumult«.

Das heißt, auf Faust trifft bereits die neurowissenschaftliche Erkenntnis zur Wirkung digitaler Medien auf ein Kleinkind zu: Die medialen Informationen überfluten ungefiltert das kindliche Gehirn, denn ihm fehlt (noch) die kognitive Kompetenz für die Beurteilung virtueller»Realitäten«. Die entsprechenden Kontrollfunktionen werden erst zwischen dem 9. und dem 26. Lebensjahr entwickelt. Der Einfluss digitaler Medien während dieser Zeit ist»gewaltig und die Suchtanfälligkeit hoch« (vgl. Thomas Müller: *Frischer Blick auf das Neueste aus der Psychiatrie*, S. 51 f.), da in dieser Entwicklungsphase Nervenzellen besonders intensiv auf den Botenstoff Dopamin reagieren, der seinerseits stark positive Emotionen im internen Belohnungssystem steuert. Mit der Folge, dass digitale Medien mit ihren kurzgetakteten Dauer-Impulsen vor allem auf Jugendliche eine große Faszination ausüben können, bis hin – zum Glück in seltenen Fällen – zur»Nachahmung« virtueller Gewaltakte in der realen Welt.

Eine Faszination, der Faust vollständig erliegt. Vergeblich fordert Mephiso Faust auf, als Zuschauer Social Distancing zu wahren gegenüber der schönen Helena:»So faßt Euch doch, und fallt nicht aus der Rolle!« (Vers 6501) Ein pädagogischer Disziplinierungs-Appell ohne jede Wirkung! Statt sich zu»fassen« antwortet Faust mit Dopamin-gesteigerter Emotionalität und wachsender Unruhe. Auch Mephistos Versuch, an die Vernunft zu appellieren mit der Aufforderung, die virtuelle »Realität« als illusorisches »Fratzengeisterspiel« zu begreifen, bleibt ohne Resonanz: »Ruhig! still! / Laß das Gespenst doch machen was es will.« (Vers 6514 f.) Angesichts der wachsenden Aggressionsbereitschaft Fausts und der Gefahr eines Gewalt-Ausbruchs greift Mephisto schließlich zum letzten Mittel. Er glaubt, den (inzwischen in sozialen Medien auffällig zunehmenden) Übergang zur realen Gewalt verhindern zu können, indem er Faust an seine eigene »Mittäterschaft« bei der Vorbereitung und Durchführung des »Fratzengeisterspiels« erinnert. War es doch Faust selbst, der nach der erfolgreichen virtuellen Geldschöpfung ohne Wertschöpfung in der Kaiserpfalz gefordert hatte, die nun plötzlich reich gewordene Hof-Gesellschaft zu unterhalten: »Erst haben wir ihn reich gemacht, / Nun sollen wir ihn amüsieren.« (Vers 6191 f.) Aber auch Mephistos letzter Ordnungsruf zur Ernüchterung verhallt ungehört. »Machst du's doch selbst das Fratzengeisterspiel!« (Vers 6546) Goethe hat in den Paralipomena zum *Faust* notiert: »Jeder Trost ist niederträchtig / Und Verzweiflung nur ist Pflicht.« (FA 7.1, 571) Ein abgründiges Wort, das am Ende der *Rittersaal*-Szene überraschend von Mephisto eingelöst wird. Sieht er sich doch selbst am Ende seines »mephistophelischen« Lateins angesichts der fatal-chaotischen Dimension der von ihm inszenierten Show: Er selbst wird der Entgrenzung aller »möglichen Fazilitäten der Kommunikation« nicht mehr Herr. Er muss selbst die Flucht ergreifen und – im Sinne der Regieanweisung – den bewusstlosen »Fausten auf die Schulter« (vor Vers 6564) nehmen. Er tut dies mit einem prophetischen Wort der Verzweiflung über das seiner Kontrolle entglittene Werk des großen Medien-Hospitals. Es ist ein gegen die Brandung gerufenes Donnerwort – bis auf weiteres ohne Widerhall (Vers 6564 f.):

> Da habt ihr's nun! Mit Narren sich beladen,
> Das kommt zuletzt dem Teufel selbst zu Schaden.

4. Kapitel
»Wir brauchen alle Tage mehr«:
die Schuldenakrobatik

»Finsternis, Tumult« – so lautet Goethes Bühnenanweisung für den Schluss des 1. Aktes von *Faust II*. In diesem Zustand verlässt Mephisto, der »Fausten auf die Schulter« genommen hat, das »große Hospital« der von ihm inszenierten virtuellen Welt. Ein »Fratzengeisterspiel« der Illusionen mit chaotischem Finale.

Die *Kaiserliche Pfalz* verlässt er allerdings fluchtartig. Er hinterlässt ein weiteres »Vermächtniß« des großen virtuellen »Hospitals«: die Schuldenakrobatik. Ein mephistophelisches Kunststück, das Goethe offenbar mit im Blick hatte, als er kurz vor seinem Tod Wilhelm von Humboldt im bereits erwähnten Brief vom 17. März 1832 hinweist auf »verwirrende Lehre zu verwirrenden Handel«, die über eine »absurde« und »konfuse« Welt »walte«. Goethe wusste, wovon er sprach. Hatte er doch als Finanzminister selbst tiefe Blicke werfen können in das Mephisto-Kunststück der Geldschöpfung ohne Wertschöpfung. Ein Kunststück, das sich bei näherem Hinsehen erweist als mephistophelische Verkürzung der mühseligen Wertschöpfung durch beschleunigte illusorische Geldschöpfung.

In den *Zahmen Xenien* hatte Goethe auf diese Verschränkung des Geldes mit der »Anschauungsform« der Zeit (Kant) aufmerksam gemacht: »Wer sich auf's Geld versteht, / Versteht sich auf die Zeit, / Sehr auf die Zeit!« (*Der alte reiche Fürst, Zahme Xenien IX*) Ein Zusammenhang, den bereits die Französische Revolution genutzt hatte auf Empfehlung des Abgeordneten Charles Maurice de Talleyrand, im Nebenberuf Bischof von Autun. Er hatte mephistophelisch vorgeschlagen, Zeit zu sparen durch das Drucken von Papiergeld, sogenannte Assignaten. Gleichzeitig hatte er empfohlen, die Kirchengüter zu verstaatlichen. Die Nationalversammlung hatte daraufhin 1789 beschlossen, die konfiszierten Kirchengüter zu versteigern. Wobei jeder die in staatlichen Besitz übergegangenen Güter nun im Tausch mit Assignaten erwerben konnte. Auf diese Weise war es plötzlich – wie durch Magie – möglich, Geld durch mit 5 Prozent verzinste Privatkredite direkt in die Staatskassen fließen zu lassen, ohne auf den eigentlichen Verkauf der Güter warten zu müssen. Das heißt, man hatte Fausts Verfluchung der Geduld ernst genommen und ein Instrument zur Optimierung der Ungeduld gefunden: das schnelle Geld.

Das Schicksal der Assignaten kannte auch Goethe. War man doch in Frankreich der Versuchung erlegen, im Vergleich zum Wert der Staatsgüter immer mehr Assignaten auszugeben. Sodass 1796 der Gesamtbetrag der Assignaten 45 Milliarden Livre betrug, während der geschätzte Wert der Kirchengüter zwischen 2 bis 3 Milliarden lag: ein inflationistischer Rekord des nun völlig wertlos gewordenen Papiergeldes. Das wurde nunmehr, im Februar 1796, mit den Druckplatten der Assignaten vom Revolutions-Direktorium auf der Place Vendôme verbrannt und durch neue Geldscheine ersetzt. Ihnen widerfuhr allerdings dasselbe Schicksal wie den Assignaten. Mit dem Unterschied, dass der Wertverlust diesmal »veloziferische« Dimensionen erreichte: Ein Jahr später gab es diese neuen Geldscheine ebenfalls nicht mehr und eine weitere, neue Form von Bargeld wurde eingeführt.

Ein Prozess beschleunigter Geldschöpfung ohne begleitende Wertschöpfung, dessen Aktualität auf der Hand liegt. Goethe, mit zehnjähriger Erfahrung als Finanzminister, hatte den »veloziferischen« Charakter dieses Prozesses sogar schon im *Faust* festgehalten. Mephisto, von Anfang an Faust zu Diensten mit Instrumenten der Zeitentgrenzung, offenbart hier die abgrün-

dige Bedeutung des schnellen Geldes. Er zeigt, was der industriellen Revolution gelingt: die absolute Rangerhöhung des
schnellen Geldes. Und zwar in der von Goethe (1825 an Zelter)
beschriebenen Verbindung von »Reichtum und Schnelligkeit«:
»Time is money« (Benjamin Franklin).

Hier, im *Faust*, zeigt Goethe bereits das, was er 1825 (ebenfalls gegenüber Zelter) vor allem betonen wird, das schnelle
Geld als Medium der Selbstentfremdung des Menschen: »alles
[…] ist jetzt ultra […]. Niemand kennt sich mehr, niemand
begreift das Element worin er schwebt und wirkt.« (*Brief an
Zelter*, 6.6.1825) Das heißt, der Weg ist frei für den Übergang
vom Credo zum Kredit, von der Schuld zum Schuldner und
schließlich von der Erlösung zum Erlös. Und Mephistos Defini-
tion des schnellen Geldes als geheim-offenbares Schwungrad
der Wachstumsdynamik des globalen Dorfes im Weltinnen-
raum des virtuellen Kapitals lautet denn auch: »Wenn ich sechs
Hengste zahlen kann, / Sind ihre Kräfte nicht die meine? / Ich
renne zu und bin ein rechter Mann, / Als hätt' ich vier und
zwanzig Beine.« (Vers 1824–1827)

Eine Erkenntnis, die auch Karl Marx dann 1848 im Sinne
der Selbstentfremdung des Menschen kommentieren wird:
»Was ich zahlen, das heißt, was das Geld kaufen kann, das bin
ich, der Besitzer des Geldes selbst. So groß die Kraft des Geldes, so groß ist meine Kraft. Die Eigenschaften des Geldes sind
meine – seines Besitzers – Eigenschaften und Wesenskräfte.
[…] Ich – meiner Individualität nach – bin lahm, aber das Geld
verschafft mir 24 Füße, ich bin also nicht lahm, ich bin ein
schlechter, unehrlicher, gewissenloser; geistloser Mensch, aber
das Geld ist geehrt, also auch sein Besitzer. […] Geld ist also
der wirkliche Geist aller Dinge, wie sollte sein Besitzer geistlos
sein? Zudem kann er sich die geistreichen Leute kaufen, und
wer die Macht über die Geistreichen hat, ist der nicht geistrei-
cher als der Geistreiche! Ich, der durch das Geld alles, wonach

ein menschliches Herz sich sehnt, vermag, besitze ich nicht alle menschlichen Vermögen! Verwandelt also mein Geld nicht alle meine Unvermögen in ihr Gegenteil?« (Karl Marx: *Die Frühschriften*, S. 288 f.)

Das heißt, für den »lahmen« und »gewissenlosen« Besitzer des »Geistes aller Dinge« lag seit Erfindung der Assignaten nun auch für alle Zukunft die unwiderstehliche Versuchung nahe, das Geld in Quantensprüngen von »24 Füßen« zu beschleunigen. Immerhin ist es in den letzten 20 Jahren den USA gelungen, die Geldmenge um 290 Prozent zu steigern, während die Wirtschaft nur um 42 Prozent gewachsen ist. Und allein im Zeitraum zwischen 1980 bis 2010 hat sich die globale Geldmenge vervierzigfacht, die reale Gütermenge aber nur vervierfacht. Eine eklatante Differenz, die seit 2020 aufgrund pandemiebedingter hoher staatlicher Finanzsubventionen (ohne entsprechende Wertschöpfung) inzwischen weitere gigantische Dimensionen erreicht hat. Ein Geldschöpfungsprozess, den unter anderen auch die Europäische Zentralbank praktiziert. Die EZB verlängert zum Beispiel ihr Anleihekaufprogramm PEPP (Pandemic Emergency Purchase Programme) bis Ende März 2022 und weitet damit die Anleihekäufe um weitere 500 Milliarden Euro aus. Durch die Entscheidung des EZB-Rats vergrößert sich so das Volumen der Anleihekäufe auf 1,85 Billionen Euro. Das entspricht der fünffachen Größe des deutschen Bundeshaushalts 2019.

Geldvermehrungskunststücke, die nun im *Faust II* in der *Lustgarten*-Szene (Vers 5987–6172) auf der *Kaiserlichen Pfalz* ihre Geburtsstunde feiern. Über die dortige virtuelle Geldvermehrung berichtet jedenfalls der beglückte kaiserliche Schatzmeister, das Geld sei in einer einzigen Nacht durch »Tausendkünstler schnell vertausendfacht« (Vers 6072). Und es ist der Marschalk, der bereits die globale Dimension dieses »Tausendkünstler«-Kunststücks erkennt: »Unmöglich wär's, die Flüchtigen einzufassen; / Mit Blitzeswink zerstreute sichs im Lauf.« (Vers 6086 f.)

Es ist der erste Schritt auf dem Weg ins »große Hospital« einer modernen Schuldenakrobatik im Dienste einer radikalen Monetarisierung und Ökonomisierung aller Lebensbereiche – mit rasant wachsender Desynchronisation: einem Auseinanderklaffen zwischen turbobeschleunigten Finanzmärkten einerseits und der abgehängten Realökonomie andererseits.

Am Kaiserhof besteht jedenfalls dringender Bedarf an beschleunigter Geldvermehrung. Und es ist der Marschalk, der dies hellsichtig als »Unheil« erkennt: »Welch Unheil muß auch ich erfahren; / Wir wollen alle Tage sparen / Und brauchen alle Tage mehr. / Und täglich wächst mir neue Pein.« (Vers 4852–4855) Das »Unheil« ist prophetischer Art. Denn der Marschalk offenbart die eigentliche Ursache der Schuldenakrobatik: die Maßlosigkeit ständig wachsender Forderungen und Ansprüche, ohne dass auf der Gegenseite eine Pflichten- und Leistungsbereitschaft erkennbar wird.

Der kaiserliche Staat kann den ständig wachsenden monetären Bedarf der Forderungs-Gesellschaft durch Umverteilung in Gestalt von Steuern jedenfalls nicht mehr befriedigen: »Subsidien die man uns versprochen, […] bleiben aus.« (Vers 4832 f.) Man steht am Rande des Staatsbankrotts und droht in Anarchie zu versinken. Denn auch ein weiteres gefährliches »Unheil« droht dem Reich: das Versagen der politischen Funktionseliten: »Auch auf Parteien, wie sie heißen, / Ist heut zu Tage kein Verlaß; / Sie mögen schelten oder preisen, / Gleichgültig wurden Lieb und Haß.« (Vers 4841–4844) Eine Gleichgültigkeit, die der Schatzmeister auszusprechen wagt. Angesichts wachsender anarchischer Züge egoistischer Selbstsucht erkennt er damit das weitere gefährliche »Unheil«: die Erosion des Gemeinsinns und der Solidarität: »Wer jetzt will seinem Nachbar helfen? / Ein jeder hat für sich zu tun. / Die Goldespforten sind verrammelt, / Ein jeder kratzt und scharrt und sammelt / Und unsre Kassen bleiben leer.« (Vers 4847–4851)

Nun, auf dem Höhepunkt der Insolvenz und Ratlosigkeit dient sich Faust, mit Hilfe Mephistos, als Consultant, als Finanzberater, an. Sein Konzept: schnelle grenzenlose Geldvermehrung durch Papiergeldschöpfung. Der Schweizer Volkswirtschaftler Hans Christoph Binswanger hat diese mephistophelische Empfehlung mit guten Gründen interpretiert als Fortsetzung der Alchemie bzw. der Magie mit anderen Mitteln. Statt Blei zu Gold, verwandelt Faust Papier zu Geld. Eine moderne Versuchung der Geld-Schöpfung aus dem Nichts, der Goethe jedenfalls widerstanden hat. Obgleich sein Vorgänger im Amt die gigantische Schuldensumme von 130 000 Reichstalern hinterlassen hatte: Goethe kannte die katastrophalen Folgen der Papiergeldschöpfung seiner Zeit. Vor allem in Gestalt der Nachfolge der französischen Assignaten: der preußischen Banknoten von 1806 und des österreichischen Papiergelds von 1810. Er hat den Mut, seinen Herzog von der bitteren Notwendigkeit des Schuldenabbaus zu überzeugen und wird auf diese Weise der erste Kriegsminister, der das Militär um die Hälfte reduziert.

Anders Faust, der bereits in der Ur-Sage Alchemist war. Er antizipiert mit der magischen Geldvermehrung am Kaiserhof bereits jene moderne Tendenz der Leistungs- und Realitätsverweigerung, die Oswald Spengler dann als zentrales Merkmal für sein eigenes »großes Hospital« des »Untergangs des Abendlandes« bezeichnen wird: den grenzenlosen »Durst nach Geld ohne Arbeit« (*Jahre der Entscheidung*, S. 101).

Spengler hatte das »Abendland« ohnehin als »faustisch«-grenzenlos interpretiert. Mit der doppelten Buchführung sei in Wahrheit die Herrschaft des Geldes heraufgeführt worden. Um im Zeichen des Kapitalismus die Gesellschaftsstruktur und die eigenen Grundlagen der freiheitlichen Verfassung zu unterhöhlen. Das »Geld faustischen Stils« sei nichts anderes, »als die aus der Wirtschaftsdynamik faustischen Stils abgezogene Kraft, und es gehört zum Schicksal des Einzelnen [...], ob er [...]einen Teil dieser Kraft darstellt oder ihr gegenüber nichts als Masse ist.« (ebd., S 5)

Es ist Goethes Kaiserpfalz im *Faust*, in der nun dieses »Geld faustischen Stils« konzipiert wird. Mit dem modernen Ergebnis, dass allein in den letzten 30 Jahren vor der Finanzkrise (2008) sich das westliche Wirtschaftswachstum nach vorsichtigen Schätzungen bis zu 40 Prozent auf ein Scheinwachstum stützte. Es beruhte auf dem Handel von Finanzprodukten und Vermögenstiteln, ohne jede Beziehung zum Markt der Güter und Dienstleistungen. Denn die Produktion von Gütern und Dienstleistungen bleibt zeitaufwendig, und der Konsum kann trotz ständiger künstlicher Bedarfsweckung nur bedingt beschleunigt werden.

Goethe antizipiert in der Kaiserpfalz aber nicht nur die ständig wachsende Umschlaggeschwindigkeit des virtuellen Kapitals. Er deutet bereits die wachsende kognitive und prognostische Inkompetenz in der Beurteilung immer neuer und abstrakter werdender Finanzprodukte an. Goethe hält jedenfalls im *Faust* bereits eine zukunftsweisende Erklärung für dieses neuronale Versagen bereit: »Die kühnsten Kletterer sind konfus.« (Vers 10724) Es ist eine Ratlosigkeit angesichts nicht-linearer und hochkomplexer virtueller Geldschöpfungsprozesse wie zum Beispiel dem Hochfrequenzhandel mit Finanzprodukten wie Derivaten, die mit Lichtgeschwindigkeit »von Weltteil zu Weltteil« springen.

Vor allem aber versagt der Kaiser selbst als höchste monetäre Kontrollinstanz; billigt er doch das sich rasant verbreitende Papiergeld und die von Mephisto organisierte Urkundenfälschung auf der kaiserlichen Schuldverschreibung mit Worten groben Leichtsinns: »So sehr michs wundert muss ichs gelten lassen.« (Vers 6085) Und es ist ausgerechnet der Schatzmeister, der jetzt bedenkenlos Faust und Mephisto rühmt als monetäre Magier:»Soll zwischen uns kein fernster Zwist sich regen, / Ich liebe mir den Zaubrer zum Kollegen.« (Vers 6141 f.) Er bestätigt nachdrücklich, dass auch für das »große Hospital« der Schuldenakrobatik Goethes Einsicht gilt:»Verwirrende Lehre zu verwirrenden Handel waltet über die Welt.«

Allerdings gibt es eine Ausnahme: Der Hofnarr erkennt das »Unheil« und tritt nun eilig die Flucht in die Sachwerte an. Er erwirbt Realwert durch Zahlung mit virtuellem Geld:»Heut Abend wieg ich mich im Grundbesitz!« (Vers 6171) Und es ist Mephisto, der ihn ironisch lobt mit den Worten:»Wer zweifelt noch an unsres Narren Witz.« (Vers 6172) Der Kaiser jedoch hofft sogar auf Wertschöpfung mit dem neugeschaffenen Geld: »Ich hoffe Lust und Mut zu neuen Taten.« (Vers 6151) Um schließlich resigniert doch zu erkennen:»Ich merk' es wohl bei aller Schätze Flor / Wie ihr gewesen bleibt ihr nach wie vor.« (Vers 6153 f.) Das heißt, er vermutet zu Recht, dass die Gesellschaft auch weiterhin staatlich subventionierte Weltverbesserungen verlangen wird, ohne Bereitschaft zu eigener Selbstverbesserung. Und dass sie auch weiterhin das Fehlen eigener Leistungs- und Verzichtbereitschaft entschuldigen wird mit dem Hinweis auf die Sachzwänge einer grenzenlosen Konsum-Idolatrie:»Wir wollen alle Tage sparen / Und brauchen alle Tage mehr.« (Vers 4853 f.)

Hans Christoph Binswanger hat gezeigt, dass Goethe den Beginn der ungeheuren Dynamik der modernen Geldwirtschaft früh erkannt hat durch die Lektüre zeitgenössischer national-ökonomischer Schriften zum Übergang vom Metall- zum Papiergeld und damit zum Kreditwesen. Goethe führe im Faust sogar bereits in Gestalt der drei Helfer Mephistos (Habebald, Haltefest und Raufebold) ein Beispiel der frühkapitalistischen Produktionsweise vor. Eine Produktionsweise, mit der

Goethe jenen Autoren seiner Zeit folgt, die bereits dem Geld eine primäre Rolle im Wirtschaftsprozess zuerkannten: Johann Georg Schlosser (Basel), Johann Georg Busch (Heidelberg), Henry Thornton (London) und Claude-Henri de Saint-Simon (Paris). Und er hatte selbst schon 1769 in seinem Theaterstück *Die Mitschuldigen* (ein Dieb öffnet hier die Geldschatulle) die Geldtheorie dieser Ökonomen ironisch vorweggenommen mit dem Satz:»O komm du Heiligtum! Du Gott in der Schatulle, / Ein König ohne dich wär eine große Nulle.« (2. Fassung, Vers 339 f.)

Vor allem Saint-Simon hatte 1814 bereits eine Beschleunigung des Papiergeldumlaufs gefordert,»um der französischen Industrie Aufschwung zu verleihen« (Claude-Henri de Saint-Simon: *Ausgewählte Schriften*, S. 184). Das heißt, mit der Umstellung der Ökonomie von der klassischen Bedarfsbefriedigung auf die Mehrwertproduktion war (in der Frühzeit der Industrialisierung) das entstanden, was Goethe im *Faust* auf die erwähnte lapidare Formel bringt:»Und brauchen alle Tage mehr.« (Vers 4854) Das heißt vor allem: mehr Geld. Denn der alte Zirkulationsprozess von Ware – Geld – Ware war jetzt umgestellt auf einen neuen dynamischen, auf Geld basierenden Zirkulationsprozess: Geld – Ware – mehr Geld. Im Sinne der bereits erwähnten Formel Benjamin Franklins»Time is money« galt jetzt das Beschleunigungsprinzip als Möglichkeit der Profit-Maximierung. Und damit verbunden die immer schnellere Nachfrage nach mehr Geld für Investitionen zur Produktionsbeschleunigung als Marktvorteil. Es ist vor allem der Kaiser, der im Wege faustischer Ungeduld die beschleunigte Geldschöpfung ohne jeden zeitlichen Aufschub durch längerfristige Wertschöpfung oder auferlegte Sparzwänge fordert. Die kaiserliche Forderung gegenüber Mephisto lautet daher bis auf Weiteres:»Ich habe satt das ewige Wie und Wenn; / Es fehlt an Geld, nun gut so schaff' es denn.« (Vers 4925 f.) Indem der Kaiser als Staatsoberhaupt und Vorbild der Gesellschaft zur Eile drängt, antizipiert Goethe auch hier bereits das Wort Nietzsches: »Aus Mangel an Ruhe läuft unsere Zivilisation in eine neue Barbarei aus.« (*Menschliches, Allzumenschliches*, SA 1, 620) In Goethes Kaiserpfalz ist es nur der Kanzler, der in diesem Sinne Unheil ahnt und warnt: »Der Satan legt euch goldgewirkte Schlingen: / Es geht nicht zu mit frommen, rechten Dingen.« (Vers 4941 f.)

Und schließlich ist es Mephisto selbst, der unerwartet mit ersten Anzeichen der von Nietzsche prophezeiten »Barbarei« konfrontiert wird. Unmittelbar nach seiner Flucht aus dem selbstinszenierten Chaos virtueller Geldschöpfung und des »Fratzengeisterspiels« wird er dem Repräsentanten jener Barbarei begegnen, die mit der Rangerhöhung des Kapitals den Menschen zum Humankapital mutieren lässt. Mephisto begegnet ihm in Fausts altem Studierzimmer zu Beginn des 2. Aktes von *Faust II*. Und zwar in Gestalt eines Bachelors (»Baccalaureus«). Als Vertreter einer Zukunft, vor der selbst Mephisto sich in die Rolle eines Kulturpessimisten flüchtet. Denn der Baccalaureus ist, wie Mephisto erkennen muss, einer »von den Neusten« (Vers 6687). Und Mephisto, der sich als Professor verkleidet hat, ahnt zurecht: »Er wird sich grenzenlos erdreusten.« (Vers 6688) Der Baccalaureus stößt jedenfalls jenes Tor auf, das sogar weit in die Zukunft von Pandemien blicken lässt. Denn im »großen Hospital« einer globalen Immunschwäche stellt sich zunehmend auch das Problem der »Triage«. Ein aus der Militärmedizin entlehntes Verfahren einer erzwungenen Einteilung von Verletzten nach der Schwere der Verletzung, für das nun der Baccalaureus eine ›Orientierungshilfe‹ bietet. Und zwar im Zeichen einer radikal ökonomisch-monetären Sichtweise. Deren Ungeheuerlichkeit nicht zuletzt angesichts demografischer Entwicklungen in modernen Industrienationen auf der Hand liegt.

Es ist jedenfalls eine Orientierungshilfe jenseits aller Anstandsregeln. Denn den professoral agierenden Mephisto konfrontiert der Baccalaureus gleich zu Beginn mit der Frage: »Gesteht nur, euer Schädel, eure Glatze / Ist nicht mehr wert als jene hohlen [Totenköpfe] dort?« (Vers 6768 f.) Der nun »mit seinem Rollstuhle immer näher ins Proszenium« (Goethes Regie-Anweisung) rückende Mephisto reagiert hierauf mit der ängstlichen Frage an das Parterre: »Hier oben wird mir Licht und Luft benommen, / Ich finde wohl bei euch ein Unterkommen?« (Vers 9772 f.) Der Baccalaureus aber fährt ungerührt fort mit der abgründigen Empfehlung: »Gewiß das Alter ist ein kaltes Fieber / Im Frost von grillenhafter Not. / Hat einer dreißig Jahr vorüber, / So ist er schon so gut wie tot. / Am besten wär's euch zeitig totzuschlagen.« (Vers 6785–6789)

Ganz im Gegensatz zu dieser faustisch-barbarischen Ungeduld des Baccalaureus hatte ausgerechnet Mephisto in der Kaiserpfalz noch zur Geduld geraten. Er hatte hingewiesen auf die Möglichkeit geduldiger Wertschöpfung als Grundlage der Geldschöpfung im Zeichen eines übenden Lebens. Hatte er doch dem Kaiser empfohlen, als höchstes Vorbild zu fungieren: »Nimm Hack' und Spaten grabe selber, / Die Bauernarbeit macht dich groß, / Und eine Herde goldner Kälber / Sie reißen sich vom Boden los.« (Vers 5039–5042)

Der Kaiser aber wird zum Katalysator einer wahrhaft pandemischen Entgrenzung des Leichtsinns und der Schuldenakrobatik: Er öffnet das Tor zu einer monetären Scheinwelt, in der endgültig das »Glück« vom »Verdienst« und die Geldschöpfung von der Wertschöpfung entkoppelt wird. Mit dem passenden Kommentar Mephistos: »Wie sich Verdienst und Glück verketten / Das fällt den Toren niemals ein; / Wenn sie den Stein der Weisen hätten / Der Weise mangelte dem Stein.« (Vers 5061–5064) Eine Einsicht, die dem Kaiser fremd ist. Und der stattdessen den immerwährenden Abschied von jeder Art von Fasten, Verzicht und Mäßigung verordnet: »So sei die Zeit in Fröhlichkeit vertan! / Und ganz erwünscht kommt Aschermittwoch an. / Indessen feiern wir, auf jeden Fall, / Nur lustiger das wilde Karneval.« (Vers 5057–5060)

Das heißt, neben den Triumph des virtuellen Geldes tritt der Triumph einer hedonistischen Spaß- und Amüsiergesellschaft, der Goethes Einsicht fremd ist: »nur durch Mäßigung erhalten wir uns.« (*Wanderjahre*, I, 7) Dieser Einsicht wird vielmehr die »damnatio memoriae« erteilt. Das heißt, jede Erinnerung an die Mäßigung wird in der Kaiserpfalz gleichsam symbolisch für die Nachwelt getilgt. Ein Vorgang, den Goethe hellsichtig verbunden hat mit dem Ende einer Epoche seiner eigenen »Gesinnung« – »einer Epoche die sobald nicht wiederkehrt« (*Brief an Zelter*, 6.6.1825).

Zu den »noch Wenigen«, denen diese Gesinnung nicht fremd blieb, kann auch Friedrich Nietzsche als Goethe-Bewunderer gezählt werden. Er hat das Evangelium der Mäßigung des Astrologs zu Ende gedacht. Und verstanden als epochale Warnung vor dem Weg in die totale Entgrenzung. Er wusste mit Goethe: »Das Maß ist uns fremd, gestehen wir es uns; unser Kitzel ist gerade der Kitzel des Unendlichen, Ungemeßnen. Gleich dem Reiter auf vorwärtsschnaubendem Rosse lassen wir vor dem Unendlichen die Zügel fallen, wir modernen Menschen, wie Halbbarbaren – und sind erst dort in unsrer Seligkeit, wo wir auch am meisten – in Gefahr sind.« (*Jenseits von Gut und Böse*, SA 2, 688) Und wenn Nietzsche 1886 erkennt, Goethe sei »in der Geschichte der Deutschen ein Zwischenfall ohne Folgen« (*Menschliches, Allzumenschliches*, SA 1, 928), dann dürfte dies nicht zuletzt begründet sein in der Folgenlosigkeit der Goetheschen Einsicht: »nur durch Mäßigung erhalten wir uns.«

Eine Amnesie, die verstanden werden kann als Symptom jenes Fortschrittsbegriffs, den 1913 der russische Philosoph Nikolai Fjodorow definiert hat als »Produktion toter Dinge, die mit der Verdrängung lebender Menschen einhergeht; er [der Fortschritt] kann als wahre, wirkliche Hölle bezeichnet werden.« (*Das Museum, sein Sinn und seine Bestimmung*, S. 128 f.) Fjodorow verbindet diese »Hölle« mit der Vision einer beschleunigten Erosion des kulturellen Gedächtnisses, vor der Goethe im *West-östlichen Divan* gewarnt hatte: »Wer nicht von dreytausend Jahren / Sich weiß Rechenschaft zu geben, / Bleib im Dunkeln unerfahren, / Mag von Tag zu Tage leben.« (*Buch des Unmuts, Und wer franzet oder brittet*) Und es war Faust, der mit der Auslöschung des alten Gedächtnisses in Gestalt von Philemon und Baucis bereits den Weg des Vergangenheitshasses gezeigt hatte: Das Leben wird nicht mehr nach »rückwärts verstanden«, es wird nur noch »nach vorwärts gelebt« (Søren Kierkegaard: *Tagebuch*, Bd. 18, S. 194).

Eine Einsicht, die sich im *Faust* auch beim Astrologen findet. Muss sie doch verstanden werden als Aufforderung zur Selbsterziehung – um auf diese Weise ein Vorbild zu werden als »humaner Krankenwärter« für andere in »konfuser« und »absurder« Zeit (Vers 5050–5056):

> Zerstreutes Wesen führt uns nicht zum Ziel.
> Erst müssen wir in Fassung uns versühnen,
> Das Untre durch das Obere verdienen.
> Wer Gutes will der sei erst gut;
> Wer Freude will besänftige sein Blut;
> Wer Wein verlangt der keltre reife Trauben,
> Wer Wunder hofft der stärke seinen Glauben.

5. Kapitel
»Krieg, Handel und Piraterie«

»Jedes Gewaltsame, Sprunghafte, ist mir in der Seele zuwider.«
(Gespräch mit Eckermann, 3. Teil, 27.4.1825) Ein Geständnis Goethes, das Licht wirft auf das andere »große Hospital« der Entgrenzung von Zeit und Raum. Es steht für Goethe gleichwertig neben dem »großen Hospital« der globalen Schuldenakrobatik. Als Merkmal einer wachsenden globalen Immunschwäche im Zeichen »verwirrender Lehre« zu »verwirrenden Handel«. Gemeint ist das »große Hospital« der Gewalt-Beschleunigung. Goethe hat die Umrisse dieses Hospitals im 4. Akt von *Faust II* metaphorisch gespiegelt. Und zwar als Fortsetzung der beschleunigten Geldschöpfung ohne Wertschöpfung im 1. Akt von *Faust II.* Ging es dort um die Verbindung von »Reichtum und Schnelligkeit« *(Brief an Zelter,* 6.6.1825), steht jetzt die Verbindung von Gewalt und Schnelligkeit im Fokus.

Denn nun, im 4. Akt, gelingt Mephisto mithilfe der Schnelligkeit seiner »Sieben-Meilenstiefel« und der »Drei Gewaltigen« die Rangerhöhung der Gewalt. Die Faust dann fortsetzen wird im Zeichen der von ihm erhobenen Forderung: »Herrschaft gewinn' ich, Eigentum!« (Vers 10187) Das heißt, Mephisto gelingt es, den »falschen Reichtum« des Kaisers zu ergänzen durch magisch geschaffene »falsche Macht«. Wobei er Faust an dessen Mittäterschaft erinnert: »Du kennst ihn [den Kaiser] ja. Als wir ihn unterhielten, / Ihm falschen Reichtum in die Hände spielten.« (Vers 10244f.) Gleichzeitig erinnert Mephisto an die Ursache der Entstehung des Hospitals der Schuldenakrobatik: das Versagen des Kaisers und seiner Funktionseliten im Zeichen von Inkompetenz und frivolem Leichtsinn: »Und ihm [dem Kaiser] beliebt' es, falsch zu schließen: /

Es könne wohl zusammengehn / Und sei recht wünschenswert und schön: / Regieren und zugleich genießen.« (Vers 10248–10251)

Goethe, der sich als Erzieher seines Herzogs verstand, hatte im Gedicht *Ilmenau* die Gegenwelt statuiert: die immunitäre Sicherung der Herrschaft durch Kompetenz und Mäßigung. Eine Empfehlung, die gleichzeitig auch als Maxime für die Erziehung zum »humanen Krankenwärter« verstanden werden kann: »Allein wer Andre wohl zu leiten strebt, / Muß fähig sein, viel zu entbehren.« (Vers 182 f.) Er hatte diese Zeilen am 3. September 1783 geschrieben. Jetzt, rund ein halbes Jahrhundert später, erstellt Goethe den 4. Akt von *Faust II* zwischen Mai und Juli 1831 – als letztes Stück der *Faust*-Dichtung überhaupt. Der »falsche Reichtum« der kaiserlichen Macht wird jetzt gestützt durch einen falschen Sieg des Kaisers in der Schlacht gegen den »Gegenkaiser«. Es ist ein durch und durch virtueller Sieg. Geschuldet dem »ultra« einer magisch beschleunigten Gewalt.

Faust wird diesem Beispiel mit Mephistos Hilfe dann im 5. Akt folgen. Dort gesteigert zu kolonisatorischer Gewalt im globalen Maßstab: Ein »prächtiger Kahn, reich und bunt beladen mit Erzeugnissen fremder Weltgegenden« (so Goethes Regieanweisung nach Vers 11166) wird Faust zu Diensten stehen. Und dies alles im Sinne einer neuen, von Mephisto diktierten Gewaltverfassung: »Man hat Gewalt, so hat man recht. / Man fragt ums *Was?* und nicht ums *Wie?* / Ich müßte keine Schiffahrt kennen. / Krieg, Handel und Piraterie, / Dreieinig sind sie, nicht zu trennen.« (Vers 11184–11188) Und Faust wird denn auch eine Gewaltherrschaft antreten, bei der ihm Mephistos »drei gewaltige Gesellen« als skrupellose Vollzugsorgane zur Verfügung stehen. Es ist »Haltefest«, der für den Deichbau und das Anlegen von Entwässerungsgräben zum Trockenlegen der lebensspendenden Biotope steht. Es ist »Raufebold«, der die

Dreieinigkeit von »Krieg, Handel und Piraterie« kommandiert. Und schließlich symbolisiert »Habebald«, das beschleunigende Instrumentarium der industriellen Revolution: den Hafenbau als Basis für Fausts kolonisatorische Gewaltakte mit Produktionsmitteln wie der sogenannten »Feuermaschine von Tarnowitz«, die Goethe 1790 in Schlesien zur Beschleunigung des preussischen Bergbaus kennengelernt hatte, und die dort der Entwässerung diente. Baucis kommentiert diese Schnelligkeits-»Feuermaschine« beim Einsatz im Hafenbau: »Tags umsonst die Knechte lärmten, / Hack und Schaufel, Schlag um Schlag, / Wo die Flämmchen nächtig schwärmten / Stand ein Damm den andern Tag. / Menschenopfer mußten bluten, / Nachts erscholl des Jammers Qual, / Meerab flossen Feuergluten; / Morgens war es ein Kanal.« (Vers 11123–11130)

In der Tat, seit der Entstehung des Fürstenspiegels *Ilmenau* 1783 und der Niederschrift des 4. Aktes 1831 waren zunehmend »Feuergluten« der Gewalt geflossen. Goethe, als »Kind des Friedens« (Italienische Reise, FA 15.1, 448) und Gegner alles »Gewaltsamen« und »Sprunghaften« hatte sie aufmerksam und mit Widerwillen verfolgt. Hatte er doch die Französische Revolution mit der vom deutschen Klavierbauer Tobias Schmidt konstruierten ersten Guillotine bereits als das »schrecklichste aller Ereignisse« bezeichnet, dessen »Ursachen und Folgen« es nun »dichterisch zu gewältigen« galt (*Bedeutende Fördernis durch ein einziges geistreiches Wort*, FA 24, 597). Zu »gewältigen« galt es jetzt also in der Folge der Französischen Revolution auch die Epochenwende: das »ultra« von Gewalt und Schnelligkeit. So, wie es Goethe nun gegenüber Eckermann erläutert: »Bei keiner Revolution […] sind die Extreme zu vermeiden. Bei der politischen will man anfänglich gewöhnlich nichts weiter als die Abstellung von allerlei Mißbräuchen; aber ehe man es sich versieht, steckt man tief in Blutvergießen und Greueln.« (*Gespräch mit Eckermann*, 3. Teil, 14.3.1830)

Immerhin hatte Goethe 1824 der Französischen Revolution im Rückblick zugebilligt, dass für ihn »ihre wohltätigen Folgen damals noch nicht zu ersehen waren« (*Gespräch mit Eckermann*, 3. Teil, 4.1.1824). Gleichwohl verstand er ihre nicht-»wohltätigen« Langzeitfolgen als immunitäre Schwächung im Zeichen des Gewaltsamen und Extremen, das alle Lebensbereiche erfassen sollte. Das heißt, die Revolution blieb für ihn in diesem Sinn auf Permanenz gestellt – mit Tendenz zu barbarischer Zerstörung.

Und schließlich hat Goethe die Freiheit auch politisch gefährdet gesehen durch Versuchungen des Gewaltsamen: »Wie man denn niemals mehr von Freyheit reden hört als wenn eine Parthey die andere unterjochen will und es auf weiter nichts angesehen ist, als daß Gewalt, Einfluß und Vermögen aus einer Hand in die andere gehen sollen.« (*West-östlicher Divan, Besserem Verständnis, Nachtrag*, FA 3.1, 192 f.) Weshalb denn auch »alle Freiheits-Apostel« ihm »zuwider« waren: »Alle Freiheits-Apostel sie waren mir immer zuwider, / Denn es suchte doch nur jeder die Willkür für sich. / Willst du viele befrein, so wag es vielen zu dienen! / Wie gefährlich das sei, willst du es wissen? versuchs.« (*Venezianische Epigramme*, Nr. 50). Mit der Folge, dass Goethe von den Idealen der Französischen Revolution vor allem die »Brüderlichkeit« hilfreich erscheint als Aufforderung, sich selbst auszubilden als »humaner Krankenwärter« im selbst verursachten »großen Hospital« der Welt.

Schließlich war es auch die globale Dimension, die Goethe in der Französischen Revolution als immunitäre Gefährdung des Lebens empfunden hat. 1803 hat er hierzu in den *Tag- und Jahresheften* festgehalten: »Seit der französischen Revolution war eine Unruhe in die Menschen gekommen, dergestalt daß sie entweder an ihrem Zustand zu ändern, oder ihren Zustand wenigstens dem Ort nach zu verändern gedachten.« (FA 17, 113) Und es ist auch dieses »Verändern« des Ortes, das Goethe mit Tendenzen des Gewaltsamen in Verbindung bringt. Er hat früh aufmerksam gemacht auf notfalls gewaltsame Grenzüberschreitungen in Richtung globaler Migrationsbewegungen – im Sinne der Goetheschen Einsicht: »So springt's von […] Weltteil zu Weltteil«. Erinnert doch in Goethes Epos *Hermann und Dorothea* der Ring an der Hand der geflüchteten Dorothea an den ersten Bräutigam, der als Sympathisant der Revolution ein Opfer der Gewalt geworden war. Und nun auf der Flucht ist es Dorothea, die selbst zum Schwert greift, um sich gegen Gewalt zu verteidigen. Ein Prozess der Grenzüberschreitung, der diese scheinbare Idylle heute als metaphorische Antizipation moderner Fluchtbewegungen erscheinen lässt – auf dem Weg ins »große Hospital« des Chaos.

Es ist der Bräutigam, der in *Hermann und Dorothea* dies offen ausspricht: »Alles bewegt sich / Jetzt auf Erden einmal, es scheint sich Alles zu trennen. / Grundgesetze lösen sich auf der festesten Staaten, / Und es lös't der Besitz sich los vom alten Besitzer, / Freund sich los von Freund; so lös't sich Liebe von Liebe. / […] / Nur ein Fremdling, sagt man mit Recht, ist der Mensch hier auf Erden. / Mehr ein Fremdling als jemals, ist nun ein jeder geworden. / […] / Alles regt sich, als wollte die Welt, die gestaltete, rückwärts / Lösen in Chaos und Nacht sich auf, und neu sich gestalten.« (*Hermann und Dorothea, Urania*, IX, Vers 262–274)

Schließlich hat Goethe auch aufmerksam gemacht auf eine andere – und weiterhin aktuelle – Gefahr im Zusammenhang mit der Entgrenzung des Raumes – den Fremdenhass: »Darum werden so viele Menschen durch die Erscheinung eines neuen, fremden Menschen in der Gesellschaft beunruhigt. Er entdeckt ihnen, was sie nicht haben, und dann hassen sie ihn, oder er entdeckt ihnen durch sein Gegenteil, was sie haben, und so verachten sie ihn wieder. Ist er besonders höflich und galant, so ist er den Groben zuwider; ist er grob, so ist er den Höflichen und im Grunde allen zuwider; und so durch alles durch.« (*Gespräch mit Riemer*, 19.3.1807)

Zum Thema »Gewalt« hat Goethe schließlich selbst Erfahrungen gesammelt: in Gestalt der Soldaten Napoleons als Vollstrecker gewaltsamer Beschleunigungstendenzen, die Gustav Seibt in einem Aufsatz höchst anschaulich beschreibt (*Sein Kaiser. Goethe im Empire*, S. 710 ff.):

Der gefährlichste Moment in Goethes Leben war die Nacht nach der Schlacht von Jena und Auerstedt. Vierzigtausend siegreiche französische Soldaten fielen über die kaum siebentausend Einwohner zählende Residenzstadt des feindlichen, mit dem besiegten Preußen verbündeten Herzogtums Weimar her. Die Krieger waren erschöpft, erregt und hungrig; also wurde geplündert, geraubt, verwüstet und in einzelnen Fällen auch vergewaltigt. Fünf Häuser beim Schloss gingen in Flammen auf, bald stand eine kerzengerade Rauchsäule im klaren Oktoberhimmel über der Stadt. Nur der Umstand, dass die vollkommene Windstille eines kalten Herbsttages herrschte, verhinderte eine große Brandkatastrophe. Auf den Straßen lag haufenweise Schießpulver, das die nach Erfurt flüchtenden Preußen zurückgelassen hatten. Ein Funke hätte verheerende Explosionen verursachen können. Während Christoph Martin Wieland sofort eine französische Schildwache erhielt, war das Haus Johann Wolfgang von Goethes am Frauenplan in der Nacht vom 14. auf den 15. Oktober 1806 schutzlos. Man wartete auf den Marschall Ney, der bei dem Weimarer Minister einquartiert war, doch einstweilen klopften nur marodierende Soldaten ans Tor, die in den unteren Räumen im vorderen Teil des Hauses untergebracht wurden. Spät nachts aber drangen noch zwei aggressive, mutmaßlich betrunkene Tirailleurs bis in die hinteren Zimmer vor, in die Goethe und die Seinen sich zurückgezogen hatten. Was genau geschah, ist unbekannt, der Dichter hat darüber eisern geschwiegen. Durch Standhaftigkeit und Glück sei man gerettet worden, heißt es unbestimmt im Tagebuch. Christiane scheint die entscheidende Rolle gespielt zu haben; mit Hilfe eines Weimarer Nachbarn gelang es ihr, so erzählte man sich, die Eindringlinge von Goethes Schlafzimmer abzuhalten. Sie warfen sich daraufhin in das für Ney bestimmte Bett, aus dem der Marschall sie am nächsten Morgen mit flacher Klinge verjagte. Den Tod und den möglichen Verlust aller Manuskripte und Arbeitspapiere, das hatten diese Stunden vor Goethes Auge gestellt. Die Frau seines späteren Schwagers Vulpius war vergewaltigt worden; sein Freund, der Zeichner Kraus, hatte alle seine in Jahrzehnten geschaffenen Werke verloren und starb wenig später an gebrochenem Herzen; Charlotte von Steins Haus war kahlgeplündert. Näher ist Goethe einer Katastrophe, ja dem totalen Ruin nie gekommen.

Brutale Gewalt war Goethe allerdings auch schon 1792 begegnet während der Campagne in Frankreich. Dort hatte er sich unerschrocken in die Kanonade von Valmy (mit fast 500 Verwundeten und Toten) gewagt. Laut dem britischen Historiker Edward Sheperd Creasy gehört diese Schlacht, wie der Titel seines 1851 erschienenen Buches sagt, zu den »fünfzehn entscheidenden Schlachten der Welt«. – Warum? Weil die völlig unerwartete Dynamik der französischen Revolutionsarmee unter Charles-Francois Dumourier die preußischen Truppen (und damit auch Goethes Herzog als Chef einer preußischen Kavalleriebrigade) zwangen, Frankreich zu räumen und sich an den Rhein zurückzuziehen. Goethe hat diese Manifestation der Beschleunigung des Gewaltsamen im Zeichen der Französischen Revolution in 30-jährigem Abstand zu Recht als eine Weltminute beurteilt: »von hier und heute geht eine neue

Epoche der Weltgeschichte aus, und ihr könnt sagen, ihr seid dabei gewesen.« (*Campagne in Frankreich*, 19.9.1792, FA 16, 436)

Es war die »neue Epoche« einer auf Permanenz gestellten Gewalt. Auch im Sinne einer beginnenden Maßlosigkeit des Konsums von Menschen. Ein Prozess, der in den Napoleonischen Kriegen von 1803 bis 1805 mit geschätzt 3,5 bis 6 Millionen Toten (http://commons.ch/deutsch/wp-content/uploads/Tödlichste-Kriege-aller-Zeiten-1.pdf) einen Anfang nimmt und sich dann mithilfe technischer Beschleunigung der Gewalt fortsetzen sollte: in der totalen Mobilmachung zweier Weltkriege bis zum »großen Hospital« holocaustischer Dimensionen. Goethe hatte behauptet, dass »Freiheit und Gleichheit nur in dem Taumel des Wahnsinns genossen werden können« (*Italienische Reise, Das römische Karneval, Aschermittwoch*, FA 15.1, 522). Das heißt: Wo andere Freiheit, Gleichheit, Brüderlichkeit am Horizont reifen sahen, ahnte Goethe offenbar etwas ganz anderes. Nämlich das neue Schlachthaus der Geschichte. Mit Mephistos Fazit beim Anblick des toten Faust: »Was soll uns denn das ewge Schaffen, / Geschaffenes zu nichts hinwegzuraffen?« (Vers 11598 f.)

Dass die Revolution auch ganz konkret auf Permanenz geschaltet blieb, hat Goethe dann 1830 erfahren. Eine Erfahrung, die er, wie er gegenüber Friedrich von Müller äußert, als die »größte Denkübung ansehe, die ihm am Schlusse seines Lebens habe werden können.« (*Gespräch mit F. v. Müller; F. v. Müller* an Rochlitz 4.9.1830) Gemeint ist die gewaltsam-blutige Juli-Revolution 1830 in Frankreich. Goethe hatte die Arbeit am 4. Akt von *Faust II* nur wenige Monate nach Ausbruch dieser Revolution und gleichzeitig mit den nun folgenden Gewaltexzessen begonnen. Er hat sie hellsichtig beschrieben als »die Reprise der Tragödie von 1790« (*Brief an Knebel*, 12.9.1830). Sie müsse dahingehend verstanden werden, dass »sich nach vierzig Jahren der alte tumultuarische Taumel wieder erneuert.« (*Brief an*

Zelter, 5.10.1830) Und nun im 4. Akt von *Faust II* spiegelt Goethe diese fortschreitende Freisetzung der Gewalt im Zeichen der Beschleunigung metaphorisch endgültig im revolutionsähnlichen »Aufruhr« des Gegenkaisers: »Der Aufruhr schwoll, der Aufruhr ward geheiligt.« (Vers 10288) Das heißt, die politische, moralische und geistige Immunschwäche des Reiches ermöglicht die Rangerhöhung des Gewaltsamen nun sogar als »heilig«. Dieser »Aufruhr« will mit dem »Gegenkaiser« eine »frisch geschaffne Welt« (Vers 10283) begründen. In Wahrheit soll auch sie gründen auf frischem Blut im Zeichen von »Mord und Totschlag« (Vers 10268). Der Kaiser antwortet jedenfalls auch mit Gewalt, allerdings mit mephistophelisch beschleunigten Helfershelfern und den »Drei Gewaltigen«.

Als Vorsitzender der Herzoglich-Weimarischen Kriegskommission und durch zahlreiche kriegswissenschaftliche Schriften in der eigenen Bibliothek war Goethe selbst gründlich sachkundig auf dem Feld der Kriegskunst. Und Napoleons Devise des »élan et vitesse« (Dynamik und Schnelligkeit) als schlachtentscheidend feiert daher nun auch im Kampf des Kaisers gegen den »Gegenkaiser« den großen Triumph. Was Goethe hier erkennt und zeigt, ist letztlich auch das bis in die Gegenwart nachweisbare Prinzip von Beschleunigungsimpulsen aufgrund militärischer Innovationen – bis hin zur digitalen Gewalt-Beschleunigung im Zeichen »aller möglichen Fazilitäten der Kommunikation«. Ist doch sogar das Internet militärischen Ursprungs: Es nahm als »Arpanet« des US-Verteidigungsministeriums in den 1960er Jahren seinen Anfang. So lässt Goethe denn auch Mephisto nicht zögern, mithilfe magischer Beschleunigungs-Innovationen die Schlacht zugunsten des Kaisers zu entscheiden. Denn statt Faust als »Obergeneral« des Kaisers, der die Schlacht bereits verloren sieht, übernimmt nun Mephisto das Kommando. Und zwar in Gestalt magischer »Innovationen«, die sich heute präsentieren in der Digitalisierung

131

und Virtualisierung von Kriegsszenarien, etwa mithilfe von Exoskeletten und Flugdrohnen. Verfügt doch auch Mephisto bereits mit seiner »Rabenpost« (Vers 10678) über eine konkurrenzlose Fernmeldetechnik, ergänzt von magischen Beschleunigungstechniken artilleristischer Feuerwerksveranstaltungen (vgl. Vers 10742–10755) und schließlichg unübertrefflichen Überflutungskünsten der Undinen gegen die Truppen des Gegenkaisers, die von Faust schaudernd beschrieben werden (Vers 10725–10733):

> Schon rauscht Ein Bach zu Bächen mächtig nieder,
> Aus Schluchten kehren sie gedoppelt wieder,
> Ein Strom nun wirft den Bogenstrahl,
> Auf einmal legt er sich in flache Felsenbreite
> Und rauscht und schäumt, nach der und jener Seite,
> Und stufenweise wirft er sich ins Tal.
> Was hilft ein tapfres heldenmäßiges Stemmen?
> Die mächtige Woge strömt sie wegzuschwemmen.
> Mir schaudert selbst vor solchem wilden Schwall.

Schluss

17. März 1832: *Faust. Der Tragödie zweiter Teil* ist vollendet und versiegelt. Goethe erläutert dies im Brief an Wilhelm von Humboldt mit der Vermutung, dass seine »lange verfolgten Bemühungen um dieses seltsame Gebäu« schlecht belohnt würden, wenn er »diese sehr ernsten Schwerze« zu Lebzeiten veröffentlichen würde. Ja, er fürchtet, dass sein Werk »an den Strand getrieben, wie ein Wrack in Trümmern daliegen« würde, um dort vom »Dünenschutt der Stunden zunächst überschüttet« zu werden.

Wohlgemerkt: »zunächst«. Goethes »seltsames Gebäu« erweist sich nun im 21. Jahrhundert tatsächlich als hochaktuell. Denn Klimawandel und Pandemie erscheinen bei ihm bereits verschränkt als Symptome im vom Menschen selbstgeschaffenen »großen Hospital« der Welt. Beide Krisen entspringen derselben Quelle: der Missachtung einer Einsicht, die sich am Ende der *Faust*-Tragödie ergibt. Es ist eine Einsicht, die als Goethes Imperativ für das 21. Jahrhunder verstanden werden kann, den Faust zu spät erkennt: »Könnt ich Magie von meinem Pfad entfernen / Die Zaubersprüche ganz und gar verlernen; / Stünd ich, Natur! vor dir ein Mann allein / Da wär's der Mühe wert ein Mensch zu sein.« (Vers 11404–11407) Es ist die Missachtung jener Wahrheit der Natur, die Goethe Eckermann erläutert hatte: »die *Natur* versteht gar keinen Spaß, sie ist immer wahr, immer ernst, immer strenge; sie hat immer Recht, und die Fehler und Irrtümer sind immer des Menschen.« (*Gespräch mit Eckermann*, 2. Teil, 13.2.1829)

Gezeigt werden konnte, dass Goethe und Alexander von Humboldt sich bereits eindringlich mit diesen »Späßen« der Zeitgenossen gegenüber der Natur beschäftigt haben. Das »große Hospital« der Welt kann daher rückblickend verstanden werden als die inzwischen erreichte Summe aller »Fehler und Irrtümer« des Menschen im »spaß«-haften Umgang mit der Natur. Mit dem Ergebnis einer gefährlichen Immunschwäche des Menschen gegenüber der Natur.

Gezeigt werden konnte Goethes »energischer Wille«, die immunitären Kräfte des Lebens zu erhalten und zu steigern. Und dies im Zeichen eines übenden, Sisyphos verpflichteten Lebens – als »humaner Krankenwärter« in eigener Sache und als Vorbild für die Mit- und Nachwelt: »[...] Gott helfe weiter. und gebe Lichter, dass wir uns nicht selbst so viel im Weege stehn. Lasse uns von Morgen zum Abend das gehörige thun und gebe uns klare Begriffe von den Folgen der Dinge. Dass man nicht sey wie Menschen die den ganzen Tag über Kopfweh klagen und gegen Kopfweh brauchen und alle Abend zu viel Wein zu sich nehmen. Möge die Idee des reinen, die sich bis auf den Bissen erstreckt den ich in [den] Mund nehme, immer lichter in mir werden.« (*Tagebuch*, 7.8.1779) Es ist diese »Idee des Reinen«, die Goethe heute als Vordenker der Ökologie und Nachhaltigkeit erscheinen lässt. Denn gezeigt werden konnte, dass diese »Idee des Reinen« für Goethe – und Alexander von Humboldt – den Beginn einer alternativen Naturwissenschaft bilden. Und zwar im Zeichen eines globalen Ethos, einer empathiegeleiteten Reinhaltung der Natur. Gemeint ist jenes globale Ethos, das Goethe als »heiliges Vermächtniß« der Reinhaltung der Elemente Luft, Wasser und Erde verstanden hat. Ein »Vermächtniß«, das Goethe – und mit ihm Alexander von Humboldt – empfunden hat als Aufforderung zu globalem »brüderlichen Wollen«: »Und nun sey ein heiliges Vermächtniß / Brüderlichem Wollen und Gedächtniß: / *Schwerer Dienste tägliche Bewahrung,* / Sonst bedarf es keiner Offenbarung.« (*West-östlicher Divan, Vermächtniß alt persischen Glaubens* im *Buch des Parsen*) Die »Idee des Reinen« also als kategorischer und universaler Appell zur Sicherung der Immunität des Lebens.

Gezeigt werden konnte, dass Goethe und Humboldt am Anfang eines pandemischen Prozesses der Zerstörung der Natur-Elemente stehen. Und dies vor allem im Zeichen des faustischen Frevels an Mensch und Natur, den Goethe metaphorisch im Schlussakt der *Faust*-Tragödie schildert. Und dem Alexander von Humboldt dann 1799 real begegnen wird nach der Ankunft in Venezuela: im bereits groß dimensionierten Regenwald-Frevel europäischer Kolonisatoren, die bereits der Aufforderung Mephistos gefolgt sind:»Was willst du dich denn hier genieren, / Mußt du nicht längst kolonisieren.« (Vers 11273 f.) Humboldt wird dann am Beispiel dieses Frevels den durch Menschen verursachten Klimawandel entdecken.

Er wird in der»unvorsichtigen Hast« der Regenwaldzerstörung durch die europäischen Kolonisatoren vor allem die Zerstörung der Klimafunktionen des Waldes erkennen. Und damit auch den Anfang eines Prozesses, den er dann im zweiten Band des *Kosmos* definieren wird als den»verhängnißvollen Laufe der Dinge«. Während Goethes Mephisto diesen»verhängnißvollen Laufe« im Schlussakt von *Faust II* als Rachefeldzug der Natur interpretieren wird:»In jeder Art seid ihr verloren, / Die Elemente sind mit uns verschworen, / Und auf Vernichtung läufts hinaus.« (Vers 11548 ff.) Eine Prophetie, die mit Blick auf die Naturzerstörung inzwischen ungeahnte pandemische Dimensionen erreicht hat. Wurden und werden doch aufgrund des von Humboldt beschriebenen Tropenwald-Frevels auch die alten Habitate jener Viren vernichtet, die nun zoonotisch auf menschliche Wirte»von Weltteil zu Weltteil« überspringen. Viren, die sich über Jahrmillionen in einer Parallel-Evolution in den Regenwäldern entwickelt hatten. Die Zerstörung ihrer alten Habitate erfolgt hierbei nach neuesten Studien (UN-Report des Weltbiodiversitätsrates IPBES von 2019: https:// biooekonomie.de/service/studien-statistiken/ipbes-2019-globaler-bericht-ueber-den-zustand-der-artenvielfalt) im Kontext des sogenannten »6. Massensterbens«, das zur Zeit stattfindet und das verglichen werden kann mit dem »5. Massensterben« vor 66 Millionen Jahren. Durch einen Meteoriten-Einschlag wurden damals etwa drei Viertel aller Pflanzen- und Tierarten auf dem Planeten Erde vernichtet. Mit dem Ergebnis, dass die Viren dieser zerstörten Habitate nun neue Wirte suchen. Und seit den 1960er Jahren, so eine in *Nature* veröffentlichte Überblicksstudie des University College London (siehe *Süddeutsche Zeitung* vom 5.8.2020) nun 335 neu aufgetauchte Krankheiten beim Menschen zu 60 Prozent durch Erreger aus dem Tierreich verursacht werden. Sie treffen nun auf eine menschliche Gesellschaft mit sehr junger Evolutionsgeschichte. Eine Gesellschaft, die in den letzten 200 Jahren den Wohlstand um das 20-fache steigern konnte – mit dem ambivalenten Ergebnis luxurierender »Erleichterungen«. »Erleichterungen«, die allerdings »am härtesten gebüßt« werden müssen (Nietzsche).

Es sind »Erleichterungen«, die ermöglicht wurden durch Umweltverschmutzung und Naturzerstörung wie den von Humboldt erkannten Tropenwald-Frevel mit der Folge des anthropogenen Klimawandels. Es sind aber noch mehr »Erleichterungen« im Zeichen eines globalen Frevels an fossilen Wäldern, deren Verfeuerung nun das von ihnen einst gespeicherte Kohlendioxyd wieder in die Atmosphäre freisetzt. Bereits Humboldt hatte diesen Wald-Frevel beschrieben als »schädliche, gasförmige Exhalationen« in den Industriezentren des 19. Jahrhunderts. Exhalationen, die inzwischen begleitet werden von alarmierenden umwelttoxikologischen Erkenntnissen. Beweisen doch Untersuchungen von Schadstoffexpositionen des Menschen die schädliche Wirkung vor allem von Feinstaub auf Herz, Lunge, Gefäße und Gehirn. Mit dem erschreckenden Ergebnis, dass die Zahl der Opfer offenbar weitaus größer ist als bislang angenommen: Man schätzt, dass im Jahr vor Beginn der Corona-Pandemie über 8 Millionen

Menschen weltweit vorzeitig an den Folgen der fossilen Brennstoffemissionen gestorben sind. Das heißt, jeder fünfte Todesfall weltweit stand im Zusammenhang mit diesem Frevel in Form von Kohle-, Gas- und Ölverbrennung. (https://www.klimareporter.de/gesellschaft/winzige-killer-schlagen-nochhaerter-zu) Besonders betroffen sind hierbei die Ballungszentren Europas. Also jene Welt, die sich dabei im Mythos des Baum-Frevlers Erysichton schmerzhaft wiedererkennt. Und deren »Erleichterungen« in Gestalt einer fortschreitenden Entgrenzung von »Reichtum und Schnelligkeit« den freigesetzten Energieressourcen aus den Wäldern des Karbon-Zeitalters geschuldet sind.

Die zoonotischen Infektionsfolgen des Tropenwald-Frevels hatten bereits 2009 die wissenschaftliche Welt alarmiert. Unter dem Namen »Predict« wurde damals ein Programm auf den Weg gebracht, um nach dem Ausbruch der Vogelgrippe 2005 ein Frühwarnsystem zu entwickeln. Man wollte sich vorbereiten auf ein Jahrhundert der Pandemien. Und schätzte, dass rund 500 000 Virenarten aus dem Tierreich auf den Menschen überspringen könnten. (Bundesgesundheitsblatt – Gesundheitsforschung – Gesundheitsschutz 2005, S. 4855 ff.) Das Corona-Virus war übrigens damals noch nicht unter den geschätzten rund 500 000 Viren. Man vermutete aber, dass Zehntausende von möglicherweise zoonotischen Parasiten existieren, die von Wirbeltieren auf den Menschen überspringen könnten. Wobei die Zahl der bislang unentdeckten Virenarten auf rund 1,7 Millionen geschätzt wurde. (https://www.dw.com/de/wie-lassen-sich-gefährliche-zoonosen-verhindern/a-58163329) – Die Erde also offenbar ein Planet von Viren?

Die zivilreligiöse Hoffnung auf Erlösung durch die Medizin von dieser zoonotischen Gefährdung hat seitdem Konjunktur. Franz Kafka hat diese Erlösungshoffnung 1917 bereits angedeutet in seiner Erzählung *Ein Landarzt*. Findet sich hier doch die zukunftsweisende Rettungsformel: »Den alten Glauben haben sie verloren; der Pfarrer sitzt zuhause und zerzupft die Meßgewänder, eins nach dem anderen; aber der Arzt soll alles leisten mit seiner zarten chirurgischen Hand«. Mit dem begleitenden Gesang der Kinder: »Freuet euch, ihr Patienten, / Der Arzt ist Euch ins Bett gelegt!« (Franz Kafka: *Die Erzählungen*, S. 125 ff.)

Über einen Therapieversuch vor der Heraufkunft moderner Pandemien mit ihren sie begleitenden Hoffnungen berichtet Faust selbst. Er blickt hier als ehemals mitwirkender »Therapeut« zurück auf seinen Vater als »dunklen Ehrenmann«. Ausgerechnet im »Osterspaziergang« lässt Faust in einen unerwarteten Epidemie-Abgrund blicken: »Mein Vater war ein dunkler Ehrenmann, / Der über die Natur und ihre heil'gen Kreise, / In Redlichkeit, jedoch auf seine Weise, / Mit grillenhafter Mühe sann. / Der, in Gesellschaft von Adepten, / Sich in die schwarze Küche schloß, / Und, nach unendlichen Rezepten, / Das Widrige zusammengoß. / Da ward ein roter Leu, ein kühner Freier, / Im lauen Bad, der Lilie vermählt / Und beide dann, mit offnem Flammenfeuer, / Aus einem Brautgemach ins andere gequält. / Erschien darauf mit bunten Farben / Die junge Königin im Glas, / Hier war die Arzenei, die Patienten starben, / Und niemand fragte: wer genas? / So haben wir, mit höllischen Latwergen, / In diesen Tälern, diesen Bergen, / Weit schlimmer als die Pest getobt. / Ich habe selbst den Gift an Tausende gegeben, / Sie welkten hin, ich muß erleben / Daß man die frechen Mörder lobt.« (Vers 1034–1055)

Nun, 1831, 30 Jahre nach der Niederschrift des »Osterspaziergangs« schlägt Goethe ein ganz neues Blatt in der Geschichte der Virus-Therapie auf: Ja, er wird zum Vordenker der modernen Idee der Herden-Immunität. Das heißt, zu der erwähnten Rettungs-Idee der Reinhaltung der Elemente gesellt sich nun im hohen Alter die Idee einer konkreten Strategie zur Bekämpfung von viralen Infektionen.

Eckermann ist mit Hofrat Vogel bei Goethe zu Tisch. Man spricht über »ärztliche Dinge«. Und Hofrat Vogel erzählt, »als das Neueste des Tages, von den natürlichen Blattern [den Pocken], die, trotz aller Impfung, mit einem Male wieder in Eisenach hervorgebrochen seien und in kurzer Zeit bereits viele Menschen hingerafft hätten« (*Gespräch mit Eckermann*, 2. Teil, 19.2.1831). Eine Nachricht, die nun Anlass gibt zu einem denkwürdigen Gespräch mit weiterhin hoher Aktualität für die Corona-Pandemie der Gegenwart. Eckermann berichtet: »Die Natur, sagte Vogel, spielt einem doch immer einmal wieder einen Streich, und man muss sehr aufpassen, wenn eine Theorie gegen sie ausreichen soll. Man hielt die Schutzblattern so sicher und so untrüglich, daß man ihre Einimpfung zum Gesetz machte. Nun aber dieser Vorfall in Eisenach, wo die Geimpften von den natürlichen [Blattern] dennoch befallen worden, macht die Unfehlbarkeit der Schutzblattern verdächtig und schwächt die Motive für das Ansehen des Gesetzes.«

Ein Fall früher Impfverweigerung, dem Goethe nun kategorisch entgegentritt: »Dennoch aber, sagte Goethe, bin ich dafür, daß man von dem strengen Gebot der Impfung auch ferner nicht abgehe, indem solche kleine Ausnahmen gegen die unübersehbaren Wohltaten des Gesetzes gar nicht in Betracht kommen.« Ein Plädoyer Goethes im Sinne der Idee einer gesetzlich geförderten Herden-Immunität, wie sie auch derzeit in der Diskussion ist, die er nun bekräftigt mit dem Hinweis: »wie ich immer dafür bin, strenge auf ein Gesetz zu halten, zumal in einer Zeit wie die jetzige, wo man aus Schwäche und übertriebener Liberalität überall mehr nachgibt als billig.«

Immerhin stand man in Europa bis zum Ende des 17. Jahrhunderts den Pocken machtlos gegenüber, obgleich schon vor mehr als 2000 Jahren in Indien Versuche unternommen wurden, Menschen zu immunisieren, indem man das Pustelsekret der Pocken in Hautschnitte einbrachte. Die Wissenschaft geht jedenfalls zurzeit davon aus, dass im Falle des Corona-Virus Herden-Immunität sich einstelle, wenn etwa zwei Drittel der Bevölkerung geimpft seien. Dann sei eine Schwelle erreicht, nach der das Virus so häufig auf immune Personen stoße, dass der Ausbruch langsam zum Erliegen komme. Da dieser Schwellenwert bislang eine rein theoretische Annahme ist, ohne Kenntnis des wirklichen Schwellenwertes, dürfte weiterhin Goethes Wort im *Tasso* gelten: »Wir hoffen immer, und in allen Dingen / Ist besser hoffen als verzweiflen.« (Vers 2163 f.)

Im *Werther* hatte Goethe die »Krankheit zum Tode« definiert als eine »Schwäche«, »wodurch die [menschliche] Natur so angegriffen wird, daß theils ihre Kräfte verzehrt, theils so außer Wirkung gesetzt werden, daß sie sich nicht wieder aufzuhelfen [...] fähig ist« (Erstes Buch, 12.8.). Zwar weist Werther darauf hin, dass es nach seiner Auffassung keine Möglichkeit gebe, durch eine »glückliche Revolution, den gewöhnlichen Umlauf des Lebens wieder herzustellen« – im Sinne des *Tasso*-Zitats, »Wir hoffen immer«, könnte es aber doch gelingen: Dann nämlich, wenn jeder sich und andere zum »humanen Krankenwärter« im Geiste Goethes und des erwähnten »brüderlichen Wollens« ausbildet. Ein »Wollen«, das beginnen müsste mit der Mobilisierung der Selbstheilungskräfte im Bewusstsein: »Nur durch Mäßigung erhalten wir uns.« (*Wanderjahre*, I, 7) Oder wie es im *West-östlichen Divan* heißt: »Alle Guten sind genügsam.« (*Buch des Paradieses, Anklang*) Ein Bewusstsein, das vor allem als unabdingbar erscheint im Lichte der Goetheschen Diagnose: »alles [...] ist jetzt ultra«. Denn es waren die in allen Lebensbereichen sich andeutenden Tendenzen der Maßlosigkeit und Entgrenzung, die Goethe hier erkennt als Prozess der Selbstentfremdung des Menschen: »Niemand kennt sich mehr«. Ein Selbstentfremdungs-Prozess, dessen Ursachen Goethe in der (mit der industriellen Revolution beginnenden) Entgrenzung und absoluten Rangerhöhung von

»Reichtum und Schnelligkeit« und »aller möglichen Fazilitäten der Kommunikation« erblickt (*Brief an Zelter*, 6.6.1825).

Gezeigt werden konnte, dass Goethe in der *Faust*-Tragödie diese Entgrenzungsprozesse metaphorisch und exemplarisch spiegelt als Schritte auf dem Weg in das »große Hospital« der Moderne. Es sind gefährliche Schritte der Entgrenzung, weil für Goethe auf jedem Verharren im »ultra« ein Fluch der Natur ruht. Und dass deshalb »nur durch Mäßigung« eine globale »One Health«-Idee im Sinne einer Resilienz von Menschen, Tieren und des gesamten Planeten Aussicht auf Erfolg hat.

Immerhin ist kürzlich ein von mehr als zwanzig Staats- und Regierungschefs getragener gemeinsamer Aufruf zur Pandemie-Vorsorge formuliert worden. Geplant ist dies in Gestalt einer globalen Innovations-Plattform (ACT Accelerator: https://www.who.int/initiatives/act-accelerator) mit dem Ziel eines neuen völkerrechtlichen Vertrags. Ein Aufruf, der offenbar getragen ist von der Einsicht in die Notwendigkeit eines globalen »brüderlichen Wollens«. Ein »brüderliches Wollen«, an dessen Ende sich vielleicht jene erwünschte Gegenwelt zu Goethes »großem Hospital« abzeichnen könnte, die Nietzsche im 5. Buch der *Fröhlichen Wissenschaft* (Textstück Nr. 382) als »noch unbewiesene Zukunft« skizziert: »Die große Gesundheit« als das »noch unentdeckte Land«, sodass wir es uns »am gegenwärtigen Menschen« kaum noch »genügen lassen« können (*Die Fröhliche Wissenschaft*, SA 2, 258).

Wobei Goethe allerdings den Ausgang globaler Entwicklungen offen gehalten hat – mit einer denkwürdigen Bemerkung gegenüber Eckermann (2. Teil, 10.4.1829):

Übrigens aber ist der Mensch ein dunkeles Wesen, er weiß nicht woher er kommt, noch wohin er geht, er weiß wenig von der Welt und am wenigsten von sich selber. Ich kenne mich auch nicht und Gott soll mich auch davor behüten.

141

Goethes asketologische Sendung
oder: Von der therapeutischen Erziehung des Menschen

Nachwort von
Peter Sloterdijk

Unter den enttäuschten Verheißungen des 19. Jahrhunderts kommt der These Friedrich Nietzsches, wonach der Philosoph der »Arzt der Kultur«* sein solle, eine aparte Stellung zu. Während in bezug auf die politischen Utopien und ihre Schiffbrüche in der Wirklichkeit – nach spätem Tumult und finaler Trauerarbeit – die Phase der Abklärung seit längerem eingesetzt hat, scheint die Beschäftigung mit den Wandlungen des therapeutischen Utopismus noch kaum ernsthaft begonnen zu haben. Zum einen hat sich von allen Utopien, die die frühe Aufklärung den folgenden Generationen vermachte, der sanitäre Traum, ob als Vision von der Großen Gesundheit oder als Streben nach dem schlichten Wohlsein gedeutet, als der einzige unenttäuschbare oder immer wieder regenerierbare erwiesen, so sehr ihm auch die sich scheinbar unaufhaltsam vermehrenden Zivilisationskrankheiten zu widersprechen scheinen. Zum anderen wurde Nietzsches hochfliegende Auffassung vom Amt des Philosophen, von wenigen Ausnahmen abgesehen, nirgendwo so ernst genommen, daß aus dem Scheitern des Ansat-

---

* Die Formel erscheint bereits im April 1873 in einem Brief an Carl von Gersdorff, unter Beziehung auf ein geplantes Buch, das ein Gegenstück zu dem Anfang 1872 publizierten Werk »Die Geburt der Tragödie aus dem Geiste der Musik« werden sollte..

zes eine wirkliche Enttäuschung hätte folgen können. Die voranschreitende Marginalisierung der Philosophie im heutigen Gefüge der universitären Disziplinen wie in der Publizistik, die »die Öffentlichkeit« hervorbringt, indem sie sie »informiert«, läßt sich als Hinweis darauf lesen, wie stark die Erwartungen an die »Weltweisheit« nach dem 19. und 20. Jahrhundert gesunken sind.

Ganz anders präsentierten sich die Verhältnisse während der »heroischen Jahre der Philosophie«, als Johann Gottlieb Fichte zu Berlin 1804 und 1805 seine Vorlesungen über die *Grundzüge des gegenwärtigen Zeitalters* hielt: Sie dürfen als das eigentliche Gründungsdokument der philosophischen Zeitdiagnostik gelten, zugleich als die Magna Charta der Zeittherapeutik mit philosophischem Anspruch. Was die abstrakten Größen, Welt, Sein und Zeit anging, lagen Diagnostik und Therapeutik anfangs noch in einer Hand. Wer als Weltarzt auftreten wollte, hatte sich wohl oder übel zugleich als Selbstarzt zu erweisen. Um zu erkennen, wie sehr die Welt im Argen lag, genügte es freilich auch damals schon, ein wacher Zeitgenosse zu sein; um dem Mißstand im ganzen eine gültige Diagnose zu stellen, war philosophische Besinnung vonnöten. Nur die vermöge zu erklären, wie es kommen konnte, daß der mit dem Potential von Vernunft und Freiheit ausgestattete Mensch nahezu allenthalben in unfreien und vernunftwidrigen Verhältnissen existiert. Das Bonmot aus Jean Jacques Rousseaus *Contrat social*, (1762 zu Amsterdam erschienen): »Der Mensch ist freigeboren, und überall liegt er in Ketten« gab den Anstoß zu den unbeendbaren Untersuchungen über die Quellen menschlicher Unfreiheit, die seit der Französischen Revolution in jeder Generation neu formulierte Antworten hervorbrachten.

Johann Gottlieb Fichte war – nach Rousseau und Robespierre – der erste unter den philosophierenden Weltärzten, die sich von der Wende des 18. zum 19. Jahrhundert an erboten, mit ihren Kuren an die *Wurzeln* nicht bloß der Zeitkrankheiten, sondern der Weltübel im allgemeinen zu rühren. Wer vom 21. Jahrhundert aus rückblickend die beiden *saecula* der großen Ideologien sozialistischer und nationalistischer Machart zu überblicken versucht, kommt nicht umhin, die gefährliche Idee der politisch-ontologischen Wurzelbehandlung zu untersuchen, die seit der Fichteschen Stiftung des Genres »Geschichtsphilosophie« im europäischen Denken ihre infektiöse Macht entfaltete. Was heute zu dem Schlagwort »Radikalismus« verblaßt und zu einem Observierungsobjekt der Verfassungsschutzorgane abgesunken ist, war nach 1800 ein genuin philosophisches Projekt, das auf den Neubau der Wirklichkeit aus dem Geist radikaler Selbstreflexion zielte.

Friedrich Schlegel hat in einem frühen, in seiner Zeit als heftige Provokation wahrgenommenen Aphorismus die strukturellen Parallelen zwischen Fichteanismus und Robespierrismus (unter Hinzunahme von Goethes Bildungsroman) hervorgehoben: »Die Französische Revolution, Fichtes Wissenschaftslehre und Goethes Wilhelm Meister sind die größten Tendenzen des Zeitalters.«* Das Wort »Tendenz« implizierte den Gedanken, daß in diesen Richtungen quasi unendlich weitergegangen werden könne, ohne daß sich ein Vereinigungspunkt des politischen, des philosophischen und des pädagogischen Radikalismus angeben lassen müsse. Daß in der dritten, der von Goethe bezeichneten »Tendenz« sich das am weitesten in die Zukunft weisende Potential verbarg, sollte sich erst spät und unter vielfachen Maskierungen erweisen.

Der philosophische Radikalismus Fichtescher Prägung manifestiert sich in seiner Ur-Handlung, bei welcher das Ich sich selbst setzt und das Nicht-Ich als komplementäre Setzung be-

---

* Athenäumsfragment Nr. 216.

greift. Radikal ist die Geste der Selbstentwurzelung aus jeder Art von anscheinend vorgefundenem und vorgebenem Sein. Was auch immer als Früheres und Objektives gegeben zu sein scheint, ist in Wahrheit ein Selbsterzeugtes, dessen Produktion vom Produzenten vergessen wurde. Den Zustand der Produktionsvergessenheit, der zum Glauben an äußeres Objektives führt, benennt man nach Fichte mit dem schicksalhaften Ausdruck »Entfremdung«. Radikales Denken meint also: sich in allem an die ins Unbewußte abgesunkene Produktion erinnern. Die Wurzelbehandlung des Ich, das sich dem Sein entreißt, geschieht um der Aufhebung der Entfremdung willen.

Hier ist nicht der Ort, um die Karriere des Entfremdungsbegriffs bei den Junghegelianern, namentlich bei Marx und seiner Schule bis hin zu Lenin und Lukács nachzuzeichnen. In seiner großartigen Mißverständlichkeit erwies er sich als geeignet, sämtliche Formen von Befangenheit des Bewußtseins unter politischen, religiösen, kulturellen und ökonomischen Zwangsverhältnissen mit einschneidenden Wirkungen zu kritisieren; zu seinen bedenklichen Mitgiften gehörte seine Fähigkeit, den Extremismen aller Art das gute Gewissen zu geben. Die Aufhebung der Entfremdung würde jedesmal, mehr oder weniger direkt, die Wiederaneignung des Produkts durch den Produzenten zur Voraussetzung haben. Im Politischen geschähe dies als Ersetzung von erblicher Obrigkeit und Fremdherrschaft durch demokratische Selbstherrschaft unter einer frei gegebenen republikanischen Verfassung (extremistisch: als Anarchie), im Religiösen als Ablösung der seelischen Sklaverei unter einem doktrinär verordneten »Gott« durch eine Religion vernünftiger Freiheit (ein Übergang, der seinerzeit gern als Wende von der katholischen Heteronomie zur protestantischen Autonomie stilisiert wurde) (extremistisch: als Atheismus), im Kulturellen als Ausbruch aus dem System hierarchischer Konventionen hin zu Umgangsformen liberaler Kreativität in einer »neuen

Mythologie«, die das Volk und die Eliten in einer gemeinsamen Symbolsprache versöhnte (extremistisch als soziales Nullpunktexperiment in Kommunen, Räten, Kooperativen).

Den wunden Punkt der Wiederaneignungsidee bildete naturgemäß die ökonomische Sphäre, da in einem System industrieller Produktion die Rückkehr des Erzeugnisses zum Erzeuger nicht mehr konkret und stofflich gedacht werden kann, sondern nur in der Form einer monetären Entlohnung, die den Arbeitenden Zugang zu höheren Freiheitsgraden gestattet. Nicht-entfremdetes menschliches Dasein könnte folglich nur dort beginnen, wo die Ebene des Mindestlohns im allgemeineren Sinn des Wortes überschritten würde. Karl Marx hatte den kategorischen Imperativ Kants, nach welchem man sich selbst und andere nie bloß als Mittel, sondern jederzeit zugleich als Zweck behandeln solle, so umformuliert, daß eine sozialrevolutionäre Forderung entstand: Sämtliche Verhältnisse umzuwerfen, in denen der Mensch ein armes, ein elendes, ein verlassenes, ein verächtliches Wesen sei. Die Arbeiterbewegung griff Aspekte des Marxschen Postulats erfolgreich auf, wo sie sich nicht nur als Kampfformation, sondern auch als Bildungsbewegung präsentierte. Aus heutiger Sicht ist der Marxsche Impuls in die These fortzubilden, daß, wo auch immer möglich, Verhältnisse einzurichten seien, die den Menschen als Einzelnen wie als Angehörigen von Gemeinschaften Zeit und Mittel zu selbstbestimmter Selbstsorge zugestehen.

In der Geschichte der politischen Ideen im späteren 20. Jahrhundert konnte zeitweilig der Eindruck aufkommen, das Motiv der Selbstsorge-Tätigkeit in der heute vernehmbaren Deutlichkeit habe sich erst nach Ablauf der langen, vom Marxismus dominierten Hochkonjunktur des Ökonomismus herausbilden können – namentlich infolge der durch Pierre Hadot und Michel Foucault mitausgelösten Wiederentdeckung des antiken Stoizismus und der von ihnen angeregten aktuellen Neuan-

eignung des Konzepts »Selbstsorge« – *cura sui* bzw. *souci de soi*.
Die Rückbesinnung auf stoische Motive hat die Korrektur
des sozialphilosophisch verengten Begriffs des »Handelns«
zur Voraussetzung: Nur wenn die übliche verarmende Unter-
scheidung zwischen Arbeit und Interaktion bzw. zwischen Produktion und Kommunikation durch die Hinzufügung der
übenden, das heißt den Handelnden selbst formenden, gleichsam autoplastischen Dimension ergänzt wird, können der vor-
herrschende Ökonomismus und Soziologismus überwunden
werden. Erst dann wäre der Gesichtspunkt erreicht, der das
Universum der übenden Praktiken vor dem theoretischen Auge
auftauchen läßt. Unter dem Dach einer allgemeinen Asketo-
logie bzw. der universellen Trainingstheorie werden neuartige
Brückenschläge zwischen Kunst, Musik, Religion, Handwerk,
Gymnastik, Linguistik, Sport und Spieltheorie möglich.

Wer freilich im Buch der Geistesgeschichte bis in die 90er-
Jahre des 18. Jahrhunderts zurückblättert, wird bemerken, wie
sehr die ökonomistische Version der Kultur- und Gesellschafts-
kritik wenn nicht von Anfang an, so doch sehr früh unter einer
Vereinseitigung litt, die auf die Verwirrung stiftende junghege-
lianische Gleichsetzung des Fichteschen und Hegelschen Pro-
duktionsbegriffs mit dem ökonomischen Konzept der wertschöpfenden Arbeit zurückging. Denn wenn die »Menschen«
als Akteure der *vita activa* rechtens als die allgemeinen »Produzenten« ihrer Welten verstanden werden dürfen, liegt doch in der
Fokussierung der Arbeitsanthropologie auf die proletarischen
Aktivitäten im Sinne von Wertschöpfung in entfremdeter Pro-
duktionstätigkeit eine bedenkliche, in Wahrheit unerträgliche
Verengung der Perspektive. Dies hätte, mehr als eine Generation vor den Junghegelianern, jeder wissen können, der sich mit
der kunstpädagogischen, medizinischen, diätetischen, psycho-
logischen und hygienistischen Literatur der Goethe-Zeit – all-
gemeiner gesprochen mit den Menschenbildungstheorien jener

Epoche – näher befaßte, eben der Epoche, die mit unberechtigt einseitiger Betonung als die des »Idealismus« bezeichnet wird. Bei näherem Hinsehen erweist sich die Periode zwischen Rousseaus Tod (1778) und Hegels Ableben (1831), die ja auch unter dem Begriff »Goethe-Zeit« firmiert, vielmehr als eine Ära des beginnenden anthropotechnischen Pragmatismus, der sich in den Disziplinen der Pädagogik, der Musikerziehung, der allgemeinen »ästhetischen Erziehung« und der populären Gesundheitslehre auf breiter Front entfaltete. Zu den sichtbarsten Manifestationen des neuen auf den Menschen angewandten Pragmatismus gehörten nicht nur Erscheinungen wie der Alpinismus und die Entdeckung der Meeresküsten durch die Pioniere der bürgerlichen »Leibeserziehung«, ebenso das Aufkommen des deutschen Turnens und des britischen Sports, mit welchen das Phänomengebiet der subjektiven Körperverfassung *alias* Kondition in den Brennpunkt der Aufmerksamkeit gerückt wurde. Es mag kein Zufall sein, daß die erste Forderung nach der Wiederaufnahme der antiken Spiele von Olympia schon während der Französischen Revolution laut wurde. Die sich im Lauf des 19. Jahrhunderts popularisierende Gymnastik machte die westliche Kultur überdies reif für die Rezeption östlicher Disziplinen wie des Hatha-Yoga (mit seinen orthopraktischen »Stellungen«) und des Pranayama (mit seinen subtil rhythmisierten Atemübungen).

Dem neuen anthropotechnischen Pragmatismus muß man auch die spektakulären Manifestationen des nach 1780 Furore machenden »animalischen Magnetismus« bzw. Mesmerismus zurechnen, der einige Jahrzehnte lang als Königsweg zum damals »entdeckten« Unbewußten galt – gleichsam als einem Nebenprodukt des Deutschen Idealismus. Die von dem Sozialhygieniker Christoph Wilhelm Hufeland um 1797 lancierte »Makrobiotik« fügte sich in dieselbe Perspektive, indem sie auf eine allgemeine Lebenskunstlehre bzw. eine Schule der Langlebigkeit zielte, mithin als Vorläuferin all dessen gelten darf, was heute unter dem Titel »präventive Medizin« zu einem Teil schulmedizinischer Orthodoxie geworden ist. Auch die Formierung der Gynäkologie als klinischer Disziplin und der akademisch-medizinischen Geburtshilfe fallen in diese Zeit – es wäre ein Zeichen von Verblendung, einen Zweig der Medizin wie diesen marxistischem Sprachgebrauch zufolge neben Recht und Religion dem »Überbau« zuzurechnen, indes das damals neu einsetzende Studium menschlicher »Geburtlichkeit« oder »Gebürtigkeit« (Hannah Arendts Ausdruck) sich der eigentlichen anthropogenen Basis vor der ökonomischen »Basis« gesellschaftlicher Verhältnisse zuwandte.

All diese Erscheinungen lassen sich als Metamorphosen des Wurzelmotivs »Produktivität« auf einen gemeinsamen Ursprung in der neuzeittypischen Anthropologie des *homo faber* zurückführen. Sie machen deutlich, wie gründlich die Suche nach den Spuren menschlicher Selbsttätigkeit betrieben wurde, als ob nun im Ernst der Menschheit im ganzen jene All-Tätigkeit zugesprochen werden sollte, die in der voridealistischen Metaphysik Gott allein zugestanden war. Daß eine solche »Umbesetzung« der Gottesstelle nicht ohne Überspannungen – gefolgt von ihren Depressionen – vollzogen werden konnte, liegt in der Natur der Sache.

Was die offensiven Lebenskunstlehren der bürgerlichen Anthropotechnik in ihrem weiten Spektrum zwischen Ästhetik, Therapeutik und Diätetik anbelangt, so blieben sie aufgrund ihrer pragmatischen Grundierung von den Turbulenzen des ökonomischen Produzentenkults und seiner ideologischen Übersteigerungen weitgehend unberührt. Wenngleich sie zumeist in den blinden Fleck der Geschichtsschreibung und der Soziologie fielen, darf doch behauptet werden, ihr Kontinuum zwischen den Jahren um 1800 und 2000 sei nie wirklich unterbrochen worden. In der deutschen Lebensreformbewegung um 1900 bündelten sich die Überlieferungen zu markanter neuer Sichtbarkeit – es wäre ein Mißverständnis, in der Subkulturinsel von Ascona nur die Fortsetzung des Schwabingertums mit helvetischen Mitteln sehen zu wollen. Ein Phänomen wie die seit 1912 aktive anthroposophische Bewegung vermochte anschaulich unter Beweis zu stellen, wie das Motiv des Anderslebens fern vom politischen Streben nach Revolution einem integralen existentiellen Reformismus zur Existenz verhalf, Pädagogik, Therapeutik, Architektur, Körperkultur, Agrikultur, Meditationslehre inbegriffen.

Im Schatten der prometheischen Ideologien und der überzogenen Glorifizierungen des Proletariats als der vorgeblich allesprodzierenden Klasse konsolidierte sich im 19. Jahrhundert eine Neuschreibung des Menschen, die bei Nietzsche ihren Kristallisationspunkt erreichte. Dies geschah, als er die Reform des düsteren »asketischen Sterns« Erde aus dem Geist einer neo-asketischen Anthropologie zur Forderung an die menschliche Selbstkultur der Zukunft erhob – übrigens in symphilosophischer Resonanz mit den etwas früher notierten Selbst-Ideen des Amerikaners Ralph Waldo Emerson.* Zu Nietzsches großen Intuitionen gehörte die Einsicht, daß der Mensch – »das nicht festgestellte Tier« – aufgrund seiner hohen Prägbarkeit in langen Formungs- und Bildungszeiten immer auch als ein autoplastisches Wesen verstanden werden muß, mithin nicht nur als Arbeitssubjekt, sondern ebensosehr als Übungswesen, das sich in fortlaufenden Selbstprägungen als Ergebnis der Rückwirkungen seines Tuns und Lassens auf sich selbst in der Welt bewegt, unter Gleichübenden als seinesgleichen und Andersübenden als Fremden. Üben bedeutet, eine Handlung so auszuführen, daß die Fähigkeit zur Ausführung der Hand-

---

* Ralph Waldo Emerson, *Self-Reliance*, 1841.

lung erhalten oder erhöht wird. Nietzsche war es auch, dem aus eigener Anschauung der enge Zusammenhang zwischen dem diätetisch-gymnastischen Tätigkeitshaushalt und dem psychophysischen Gesundheitsstatus der Person bewußt geworden war – eine Erkenntnis, die ihn in seiner autobiographischen Schrift *Ecce homo* (1888) zu unvergeßlichen Formulierungen des Leib-Seele-Nexus motivierte: »Der Leib ist begeistert, lassen wir die Seele aus dem Spiel!«* Dies klingt wie ein gesteigertes Echo von Goethes moderat belehrender Stimme im Gedicht *Vermächtnis* (1829):

> Mit frischem Blick bemerke freudig,
> Und wandle, sicher wie geschmeidig,
> Durch Auen reichbegabter Welt.
>
> Genieße mäßig Füll' und Segen,
> Vernunft sei überall zugegen
> Wo Leben sich des Lebens freut.

Daß es ein Irrweg war und bleibt, den Aufenthalt des Menschen in der Welt vor allem unter dem Aspekt der wertschöpfenden Arbeit erfassen zu wollen, wie es für alle Spielarten des Ökonomismus bis heute charakteristisch bleibt, zeigen die zahlreichen Metaphern, mit denen die Sprachen europäischer Kulturen in hochkultureller Zeit das Weltganze und die Stellung des Menschen in ihm zu umschreiben versuchten. Nur selten wurde die Welt als ganze mit einer Fabrikhalle, einem Zuchthaus, einer Plantage, einem Lager verglichen – jenen Orten äußerster Entfremdung, die ihre Insassen um ihre Existenz betrügen, indem sie sie für unbedankte Arbeit verbrauchen. Allein die gnostische Metapher des Welt-*Gefängnisses* vermochte

---

* Friedrich Nietzsche, *Ecce homo.*

bei nicht wenigen Menschen der letzten beiden Jahrtausende einen inneren Widerhall zu finden. Unter den klassischen philosophischen Weltmetaphern ragt das von Seneca geprägte Bild der *Arena* heraus, in welcher jeder Sterbliche seinen Kampf bis zum Ende auszufechten habe – gemäß der tragischen Devise des Stoizismus: *sine missione nascimur* – wir werden so geboren, daß wir auf ein Davonkommen mit dem Leben nicht rechnen dürfen (*missio*: Entlassung eines Kämpfers aus dem Gefecht im Circus).

Aus der humanistisch-biblischen Welt stammt das folgenreiche Bild, das die ganze Welt mit einem *Buch* gleichsetzt – was eine noch immer steigende Welle der ontologischen Lesewut, inzwischen »Forschung« genannt, zur Folge hatte. Die frühe Neuzeit bringt mit Machiavelli das Bild des *Schlachtfelds* ein, an dem sich die Kämpfer, die Heerführer und die zu Soldaten umgewandelten Gladiatoren orientieren – auch wenn nun die ambitionierten Einzelnen als Strategen in eigener Sache operieren. Shakespeare, der Mann des Theaters und der Rollenspiele, fügt das Seine mit der Sentenz hinzu: »Die ganze Welt ist eine *Bühne*, und alle Männer und Frauen bloße Schauspieler« (*As you like it* II,/7); Calderón de la Barca antwortet hierauf mit der Höchstgestalt der Rollentheorie in dem Mysterienspiel seines *Gran Teatro del Mundo* (1655 publiziert). Comenius, einer der Gründer neuzeitlicher Bildungskultur, setzt schließlich die ganze Welt mit einer *Schule* gleich, in welcher Lehrende und Lernende im ständigen Umgang (*coetus*) miteinander neue Formen des belehrten Lebens aushandeln.

Man sollte diese Reihe hoher Bilder vor Augen haben, um die Intervention Goethes in die Geschichte der Formulierungen zu würdigen, die mit einem ontologischen Kraftwort nach dem Ganzen greifen. Wer Goethes Weg bis zu den Jahren der Reife verfolgt, wird bemerken, daß die frühe Gelegenheitsprägung in einem Brief an Frau von Stein, wonach die ganze Welt ein *Hos-*

pital sei, in dem sich die Menschen gegenseitig als »humane Krankenwärter« zu bewähren haben, mehr als die Eingebung eines sprachmächtigen Augenblicks war.

Dem alten Goethe wurde zunehmend bewußt, daß die »ästhetische Erziehung des Menschen«, von der sein verstorbener Freund Schiller so suggestiv wie folgenreich in der Zeitschrift *Horen* 1795 gehandelt hatte, eine zwar notwendige, zugleich aber nicht hinreichende bürgerliche Gesellschaft verdeutlicht hatte. Die förderungswürdige Fähigkeit zu ästhetischem, zur Freiheit des Spiels mit Bildern und Fiktionen emanzipiertem Verhalten wäre, wie Goethe stets diskret und ohne volkspädagogische Ambition betonte, ihrerseits in eine therapeutische Erziehung des Menschen einzubetten. Das griechische Verbum *therapeuein*, das die Bedeutungen von »dienen«, »pflegen«, »verehren«, »versorgen« in sich vereinigte, verwies von sich her auf die Konvergenz des Heilsamen, des Erhabenen, des Verpflichtenden. Bei Platon war die *therapeia theon*, die angemessene Behandlung der Götter, nahezu synonym mit dem, was spätere Zeiten mit dem römisch tingierten Wort »Religion« bezeichneten. Eine angemessene Behandlung des Menschen – als Selbst- und Fremdbehandlung – wies in die Richtung der zuerst philosophisch, dann pragmatisch verstandenen Therapeutik, sofern der Mensch ein Wesen ist, das ohne angemessene »Behandlung«, anfangs durch andere, dann durch sich selbst, nicht zu dem heranwächst, was er für sich und die Mitwelt sein und werden kann. Die therapeutische oder asketologische Erziehung des Menschen sollte ihn an erster Stelle zur Selbstsorgefähigkeit heranbilden, sodann zur Fähigkeit der anteilnehmenden Sorge um andere, schließlich zur besonnenen Annahme der Hilfe von fremder Seite. Es liegt auf der Hand, daß die Goethe'sche Therapeutik zwischen dem Selbstpol und dem Weltpol ungezwungen oszilliert und so wie von selbst eine Zone jenseits von Egoismus und Altruismus erreicht. Goethe hätte die Überspitzungen mißbilligt, die im 20. Jahrhundert zu der unversöhnlichen Opposition des Typus *Yogi* und des Typus *Kommissar* führten, wie Arthur Koestler sie in seinem klassischen Essay von 1942 präsentierte. Beide Typen verkörpern die utopistischen Überspannungen, die beim Versuch, den Himmel auf Erden zu erzwingen, in Radikalismen nach innen und außen und ihre endogen unvermeidlichen Niederlagen münden. Goethes abweichendes Votum vernimmt man am deutlichsten in den freimaurerisch inspirierten Versen des Gedichts *Symbolum* (1815):

> Doch rufen von drüben
> Die Stimmen der Geister
> Die Stimmen der Meister:
> Versäumt nicht zu üben
> Die Kräfte des Guten.

Im Rückblick auf die anthropologischen Impulse der Goethezeit verdeutlicht sich eine der anschwellenden Irritationen der fortgeschrittenen Zivilisationen des frühen 21. Jahrhunderts. Während die Deutungen des Menschen als Akteur des Arbeitslebens weitgehend ausgereizt sind, wächst die Verlegenheit angesichts des Menschen als Lebewesen unter Selbstsorgedruck, als Subjekt zwischen Fitnessstreben und Depression, als Agent zwischen Selbstverwirklichung und Sichgehenlassen unaufhörlich an. Der klassische Appell an die Solidarität der von entfremdeter Arbeit Belasteten findet unter heutigen Bedingungen keinen ausreichenden Widerhall mehr. Daß die Welt sich in ein großes Hospital gewandelt hat, muß man einer Öffentlichkeit mit aktueller Pandemieerfahrung nicht eigens beweisen. Ein solcher Beweis wäre besonders müßig in einer Gesellschaft wie der deutschen, die in mehr als 1900 Kliniken fast eine halbe Million Betten bereithält, die zudem fast 410 000 Ärzten reichlich Arbeit bietet, und in der gegenwärtig einer von acht Arbeitsplätzen auf das Gesundheitssystem entfällt. Die Überspitzungen der sanitären Subsysteme in der westlichen Welt lassen ahnen, was das 21. Jahrhundert bei der Hospitalisierung der Menschheit noch zu leisten im Sinn hat.

In dieser Lage scheint es klug und ratsam, vielleicht auch heilsam, die wenig besuchte Bibliothek der seit dem späten 18. Jahrhundert still und doch imposant angewachsenen Lebenskunstliteratur neu zu erschließen. Glücklich, wer dort Manfred Osten, dem kundigsten Bibliothekar des Goetheschen *savoir vivre*, begegnet.

Siglen- und Literaturverzeichnis

Goethes Werke, Briefe, Tagebücher und Eckermanns Gespräche mit Goethe werden nach der Frankfurter Ausgabe von *Goethes Sämtlichen Werken* zitiert. Gut zugängliche Werke unter Nennung genauerer Angaben (Vers, Akt, Szene, Kapitel etc.), sodass die Zitate auch in anderen Ausgaben leicht gefunden werden können. Briefe und Tagebucheinträge sowie Eckermanns *Gespräche mit Goethe* werden mit Angabe des Teils und des Datums nachgewiesen. Andere Gespräche werden nach der Ausgabe von *Goethes Gesprächen* aufgrund der Ausgabe von Flodoard Freiherr von Biedermann mit Datumsangabe zitiert. Auf entlegenere Werke wird mit der Sigle FA sowie Bandnummer und Seitenzahl auf die Stelle in der Frankfurter Ausgabe verwiesen.

Die Werke von Friedrich Nietzsche werden nach der von Karl Schlechta herausgegebenen Ausgabe *Werke in drei Bänden* mit Titelangabe des Werks sowie der Sigle SA [Schlechta-Ausgabe], Bandnummer und Seitenzahl zitiert.

Svante Arrhenius: *On the influence of carbonic acid, 1896*, in: *The London Philosophia Magazine and Journal of Science* 5, S. 237 ff.

Kurt-R. Biermann: *Goethe in vertraulichen Briefen Alexander von Humboldts*, in: *Goethe-Jahrbuch 102*, 1985.

Hans Christoph Binswanger: *Geld und Magie*, Stuttgart, 1985.

Stefan Bollmann: *Der Atem der Welt. Johann Wolfgang von Goethe und die Erfahrung der Natur*, Stuttgart 2021.

Edward Shepherd Creasy: *Die fünfzehn entscheidenden Schlachten der Welt von Marathon bis Waterloo*. Nach der 10. Auflage des Originals bearbeitet von A. Seubert, Stuttgart 1865.

Régis Debray: *Lob der Grenzen*, Hamburg 2016.

Ludwig Feuerbach: *Zur Kritik der Hegelschen Philosophie*, Leipzig 1841.

Nikolai Fjodorow: *Das Museum, sein Sinn und seine Bestimmung*, in: *Die neue Menschheit*, Frankfurt am Main 2005.

Michel Foucault: *Die Ordnung der Dinge*, Frankfurt am Main 2003.

Johann Wolfgang Goethe: *Goethes Werke*, hrsg. im Auftrage der Großherzogin Sophie von Sachsen, 133 Bde., Weimar 1887–1919 [Weimarer Ausgabe – WA].

Johann Wolfgang Goethe: *Goethes sämtliche Werke*, hrsg. von Eduard von der Hellen, 40 Bde., Stuttgart und Berlin 1902–1912 [Jubiläumsausgabe – JA].

Johann Wolfgang Goethe: *Sämtliche Werke. Briefe, Tagebücher und Gespräche*, hrsg. von Friedmar Apel u. a., 40 Bde., Frankfurt am Main 1985–2013 [Frankfurter Ausgabe – FA].

Frank Holl: *Wie der Klimawandel entdeckt wurde – A. v. Humboldt als Klimaforscher*, in: *Die Gazette. Das politische Kulturmagazin*, Nr. 16, Winter 2007/08, S. 20–25.

Max Horkheimer und Theodor W. Adorno: *Die Dialektik der Aufklärung*, in: *Philosophische Fragmente*, Amsterdam 1947.

Johannes Huber: *Das Gesetz des Ausgleichs. Warum wir besser gute Menschen sind*, mit einem Nachwort von Peter Sloterdijk, Wien 2020.

Alexander von Humboldt: *Über die Freiheit des Menschen*, Frankfurt am Main 1999.

Alexander von Humboldt: *Alles ist Wechselwirkung*, in: A. v. Humboldt, *Reise auf dem Rio Magdalena durch die Anden und Mexiko*, Teil I. Aus seinen Reisetagebüchern zusammengestellt und erläutert von Margot Faak. 2. Auflage (Beiträge zur A. v. Humboldt-Forschung, Bd. 8), Berlin 2003.

Alexander von Humboldt: *Kosmos. Entwurf einer physischen Weltbeschreibung*, ediert und mit einem Nachwort versehen von Ottmar Ette und Oliver Lubrich, Frankfurt am Main 2004.

Franz Kafka: *Die Erzählungen*, Berlin 1961.

Søren Kierkegaard: *Tagebuch*, Bd. 18, Simmerath 2003.

Konfuzius: *Gespräche* (Lun Yü), Übersetzung von Ingo Angres, Essen 2004.

Konfuzius: *Das Buch von Maß und Mitte*, hrsg. von Ferdinand Fellmann und Uta Fellmann, Stuttgart 2015.

Karl Marx, *Die Frühschriften*, Stuttgart 1971.

Thomas Müller: *Frischer Blick auf das Neueste aus der Psychiatrie*, in: *InFo Neurologie + Psychiatrie* 5/2018, Wiesbaden 2018.

Randolph M. Nesse und George C. Williams: *Why We Get Sick. The New Science of Darwinian Medicine*, New York 1994.

Friedrich Nietzsche: *Werke in drei Bänden*, München 1954–1956 [Schlechta-Ausgabe – SA].

Novalis: *Schriften*, Bd. 3, Köln 1996.

Ovid: *Metamorphosen*, übersetzt von R. Suchier, Berlin 2016.

Ursula Renz: *Spinoza: Philosophische Therapeutik der Emotionen*, Zürich 2008.

Friedrich Wilhelm Riemer: *Mitteilungen über Goethe: Aus mündlichen und schriftlichen, gedruckten und ungedruckten Quellen*, Berlin 1841.

Claude-Henri de Saint-Simon: *Ausgewählte Schriften*, hrsg. von Lola Zahn, Berlin 1977.

August Wilhelm Schlegel, *Vorlesungen über dramatische Kunst und Literatur*, in: *Kritische Schriften und Briefe*, Bd. 5, Stuttgart u. a. 1966.

Friedrich Schlegel, *Athenäums-Fragmente. Ideen*, Zürich 1967.

Gustav Seibt: *Sein Kaiser. Goethe im Empire*, in: *Merkur. Gegründet 1947 als Deutsche Zeitschrift für europäisches Denken*, Juli 2008, S. 565–577.

Peter Sloterdijk: *Philosophische Temperamente*, München 2009.

Oswald Spengler: *Jahre der Entscheidung*, München 1961.

Ernst Ulrich von Weizsäcker: *Interview mit dem Physiker und Biologen Prof. Dr. Ernst Ulrich von Weizsäcker*, in: *It's the Planet, Stupid! Sieben Perspektiven zum Klimawandel*, hrsg. von Anja Paumen und Jan-Heiner Küpper, München 2015, S. 118–141.

Bibliografische Information der Deutschen Nationalbibliothek
Die Deutsche Nationalbibliothek verzeichnet diese Publikation
in der Deutschen Nationalbibliografie;
detaillierte bibliografische Daten sind im Internet über
http://dnb.d-nb.de abrufbar.

© Wallstein Verlag, Göttingen 2021
www.wallstein-verlag.de
Vom Verlag gesetzt aus der Monotype Baskerville
Umschlag: Marion Wiebel, Wallstein Verlag
unter Verwendung einer Federzeichnung
von Max Beckmann zu »Faust II«
© Bundesrepublik Deutschland und Museum Wiesbaden,
Dauerleihgabe Freies Deutsches Hochstift, Frankfurt am Main
Druck und Verarbeitung: Friedrich Pustet, Regensburg
Gedruckt auf alterungsbeständigem Papier

ISBN 978-3-8353-5045-8